Martin | Feldhoff · Pflanzenparadiese in Deutschland

In der Natur gibt es weder
Belohnungen noch Strafen.
Es gibt Folgen.

Robert Green Ingersoll (1833–1899)

Anne Christine Martin | Stefan Feldhoff

PFLANZEN-PARADIESE IN DEUTSCHLAND

Faszinierende Entdeckungstouren durch 12 National- und Naturparks

Quelle & Meyer Verlag Wiebelsheim

Bibliografische Information der Deutschen Nationalbibliothek
Die Deutsche Nationalbibliothek verzeichnet diese Publikation in der Deutschen Nationalbibliografie; detaillierte bibliografische Daten sind im Internet über http://dnb.d-nb.de abrufbar.

Umschlagabbildungen: Anne Christine Martin, Stefan Feldhoff & Bernd Haynold
Druck und Verarbeitung: Westermann Druck Zwickau GmbH
Printed in Germany/Imprimé en Allemagne
ISBN 978-3-494-01728-0

NATURSCHUTZ FÄNGT IM HERZEN AN

Es war ein warmer Frühlingsmorgen im Nationalpark Berchtesgaden – auf der Pirsch nach Fotomotiven zog ein zartes Weißes Waldvöglein meinen Blick auf sich. Ich legte mich quer über den Wanderweg, spähte durch den Sucher der Kamera und suchte die glücklichste Position für diese anmutige Orchidee zu finden. Wanderer näherten sich, stumm die Blicke auf die Spitzen ihrer Wanderschuhe gerichtet – zögerlich, befremdlich gingen sie an mir vorüber. Als ich ihnen nach einer geraumen Weile nachsah, bemerkte ich, dass ihre Blicke den linken und rechten Wegesrand nach ebenso einer Kostbarkeit des Waldes absuchten.

So in etwa kann ich mein Schlüsselerlebnis beschreiben – ein Gedanke war geboren: Man kann, ja man muss den Menschen die Einzigartigkeit der Wildblumen nahebringen. Seitdem liege ich in allen Wäldern und Wiesen, auf Bergen und in Mooren, um diese Schönheiten unserer Natur aufzuspüren. Sie zu erhalten und zu bewahren gilt es mehr denn je, dass unsere Herzen sich von Zeit zu Zeit an ihren Wundern erwärmen können.

Nicht nur die edlen und die allerorts bewunderten Exemplare, die Orchideen, Lilien und Gladiolen verdienen unsere Aufmerksamkeit, sondern ganz besonders die einfachen, wenig beachteten Kräuter, die Schatten- und Hungerblümchen, Veilchen und Glockenblumen.

Die Vielfalt der Naturlandschaften in Deutschland ist ein wahrer Schatz, den es für die folgenden Generationen zu erhalten gilt. Der Bogen spannt sich von den majestätisch aufragenden Alpen von Berchtesgaden bis zu den Küsten der Nord- und Ostsee. Dazwischen dehnen sich abwechslungsreiche, interessante Mittelgebirgslandschaften, weiter nördlich die reizvolle Norddeutsche Tiefebene.

Fast 30 Prozent der Fläche Deutschlands sind als Schutzgebiete ausgewiesen, seit 2005 vereint unter der Dachmarke »Nationale Naturlandschaften«. Dazu gehören derzeit 16 Nationalparks, 102 Naturparks und 16 Biosphärenreservate. Informationen über diese geschützten Gebiete sind über das Internet unter *www.nationale-naturlandschaften.de* zu erhalten.

Den größten Anteil haben die Naturparks, die zum Schutz besonders reizvoller Kulturlandschaften gegründet wurden. Kulturlandschaft bedeutet eine schonende Nutzung der Flächen; den historischen Stätten und gewachsenen Ortsbildern dieser reizvollen Landschaften gebührt ebenfalls Beachtung.

In den Naturparks, die nur in geringem Maß oder überhaupt nicht durch den Eingriff des Menschen verändert wurden, steht der Schutz der Natur an erster Stelle. Während sich in der Kernzone des Nationalparks die Lebensgemeinschaften mit ihrer Tier- und Pflanzenwelt ganz ungestört entwickeln kann, greift der Mensch außerhalb der Kernzone nur zu Schutzzwecken ein.

Wie sich der Eingriff des Menschen auf den Naturhaushalt auswirkt, soll in den Biosphärenreservaten erforscht werden. Natur, Landwirtschaft und Tourismus stehen hier gleichberechtigt nebeneinander und fördern sich gegenseitig.

Viele Pflanzen, die mir aus der Kindheit in Erinnerung geblieben sind, suche ich heute vergebens. Unbemerkt verschwinden sie, werden noch in Roten Listen vermerkt, und das war's. Dem Menschen, der heutzutage seine Nase lieber ins Smartphone steckt, fällt dieser dramatische Rückgang in der Natur nicht auf, ganz gleich ob Blumen, Bäume, Sträucher, Insekten oder Vögel.

Für diesen Umstand sollte man nicht nur die Politik oder die Wirtschaft verantwortlich machen, hier ist jeder gefragt – Du und Ich, Jung und Alt.

Wir alle müssen uns darüber im Klaren sein, dass die Natur – trotz all ihrer Widerstandskraft – ständig verletzt wird und wir dafür bezahlen müssen.

Anne Christine Martin

ÜBERSICHTSKARTE

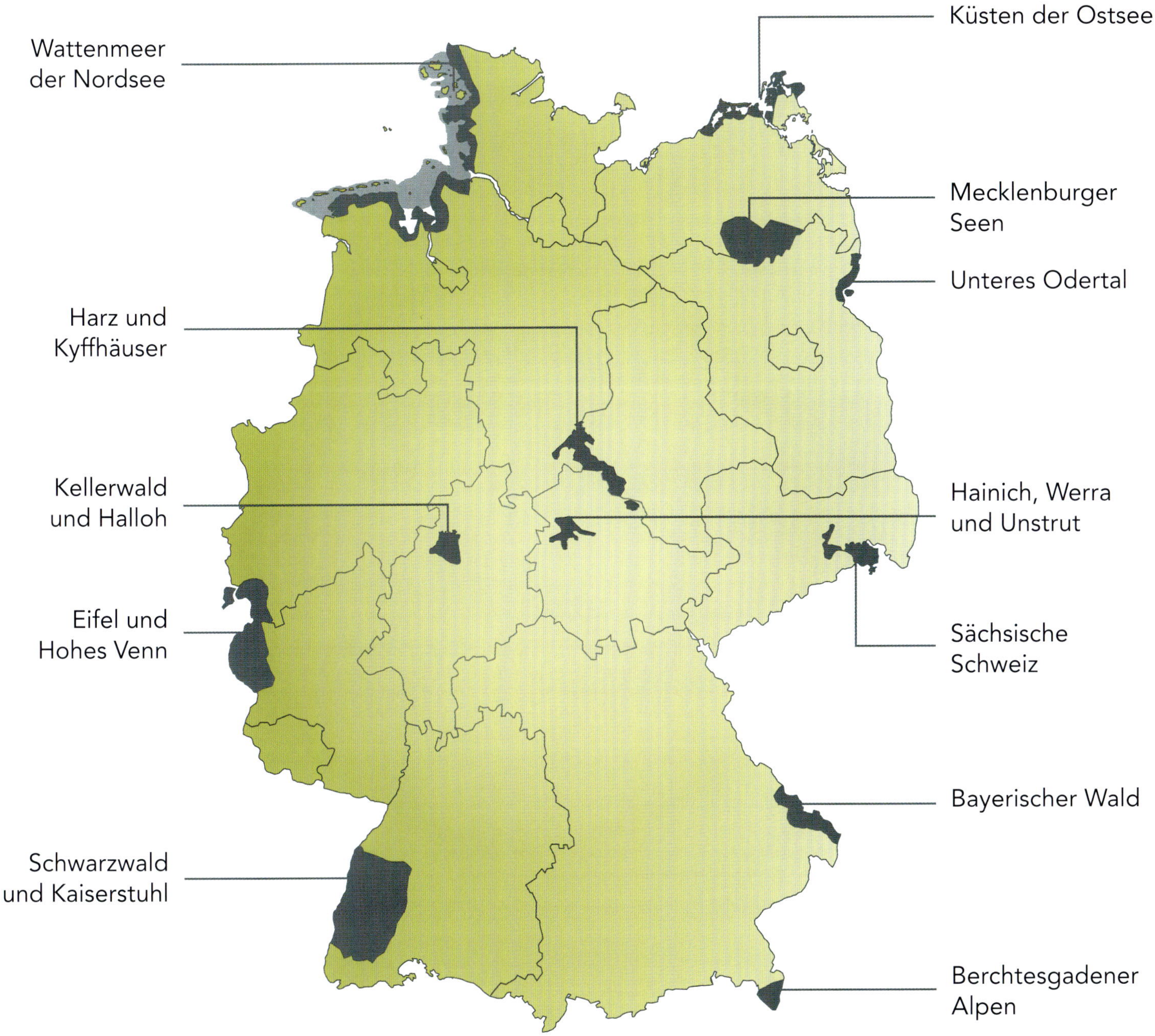

Berchtesgadener Alpen

ALPEN-EDELWEISS
LEONTOPODIUM NIVALE

Nah am wärmenden Fels, von feinen Härchen ummantelt, so wächst das Alpen-Edelweiß in karger Kalksteinumgebung meist auf Höhenlagen zwischen 1800 und 3000 Metern. Jahrelang wurde es gewerblich regelrecht geerntet oder gerne an den Hut kühner Wanderer gesteckt. Schließlich war es nur noch zwischen entlegenen Felsen zu finden. In Österreich steht das Edelweiß bereits seit 1886 unter Naturschutz, im Allgäu mussten die Bestände bis ins Jahr 2007 von der Bergwacht geschützt werden.

Auf dem Weg zum Hirschbischl

LIEBLICHE TÄLER, EISIGE HÖHEN

Bewimperte Alpenrose *Rhododendron hirsutum*

Eine traumhafte, unberührte Natur – so empfinden wir die Berchtesgadener Alpen – und doch ist diese Landschaft durch und durch vom Menschen geprägt. Was als ursprüngliche Naturlandschaft erscheint, ist in Wirklichkeit eine uralte Kulturlandschaft. Dennoch versetzt ihr Pflanzenreichtum in Erstaunen: zahlreiche Orchideenarten wie die Vogel-Nestwurz und Gebirgsspezialisten wie die Alpenrose und das Weidenblättrige Ochsenauge.

Diese Natur lässt sich auf vielfältige Weise erleben: Der Watzmann gilt immer noch als Schicksalsberg, seine Besteigung als beliebte, aber keineswegs ungefährliche Herausforderung. Sicherer und sehr bequem lockt eine Bootsfahrt über den Königssee. Der Weg vom Parkplatz zu den Bootsanlegern – von der *Süddeutschen Zeitung* als „Reeperbahn des bayerischen Tourismus" verspottet – muss natürlich überwunden werden. Dann erst öffnet sich die unergründliche Fjordlandschaft des Sees. Von hier sind die alpinen Lebensräume, unterschiedlichste Waldtypen je nach Höhenlage, Quellen, Bäche, Almen, Geröllhalden, Klippen und Gletscher zu erkennen. Links und rechts des tiefgrünen, spiegelglatten Wassers steigen die Felshänge steil bergan, überzogen von einem schier undurchdringlichen Mischwald aus Rotbuchen, Eichen, Weißtannen, Fichten und Bergahorn, be-

Vogel-Nestwurz *Neottia nidus-avis*

günstigt durch die relativ milden Temperaturen dieses Tales. Ab einer Höhe von 700 Metern wird es der Eiche schon zu kalt, ab 1500 Meter ziehen sich auch Bäume zurück, die wie Buchen und Bergahorn härter im Nehmen sind. Darüber halten nur noch Fichten, Tannen, Lärchen, Kiefern und Zirben der extremen Kälte stand. Verwittert und gekrümmt, Baumskulpturen gleichend, werden sie uralt.

Der Eisbach unterhalb der Watzmann-Ostwand

ALMEN UND BLÜHENDE WIESEN

Zweiblättrige Waldhyazinthe *Platanthera bifolia*

Oberhalb der Baumgrenze, in den Alpen bei 1500 bis 2500 Metern Höhe, überleben nur noch Zwergsträucher und Kräuter. Diese Region der Almen und der alpinen Matten, die im kurzen Sommer in allen Farben und Formen erblühen, werden seit jeher als Viehweiden bevorzugt. Die Tiere verschmähen giftige oder bittere Pflanzen wie Orchideen, etwa die Waldhyazinthe oder das Waldvöglein, Punktierten und Bayerischen Enzian, Germer und Quendel. Auch die Bewimperte Alpenrose, ein Rhododendron-Gewächs, wird nicht angerührt und hat sich ungehindert ausgebreitet. Sie blüht bis heute in großer Zahl und bestimmt das Landschaftsbild des Hochgebirges. Das immergrüne Buchsblättrige Kreuzblümchen, auch Zwergbuchs genannt, besiedelt die Waldsäume und trockene Wälder. Es ähnelt in der Blattform sehr der Preiselbeere. Weiter anzutreffen sind Gebirgspflanzen wie die Schwarzrandige Schafgarbe, das Großblüten-Sonnenröschen und die Quirl-Weißwurz.

Um Weideland zu gewinnen, wurden in den Bergen schon im 12. und 14. Jahrhundert großflächige Waldgebiete gerodet. Seit 4000 Jahren wird das Vieh nur für einige Monate im Sommer auf die Almen getrieben. Im Berchtesgadener Land gab es einst etwa 90 Almbetriebe, heute zählt man auf dem Gebiet des Nationalparks nur noch 25. Die uralten Weiderechte der Bergbauern sind nicht eingeschränkt, jedoch steht der Naturschutz an erster Stelle neben Tourismus und der traditionellen Landwirtschaft.

Bayerischer Enzian *Gentiana bavarica*

Buchsblättriges Kreuzblümchen *Polygala chamaebuxus*

Schwarzrandige Schafgarbe *Achillea atrata*

Alpen-Waldrebe *Clematis alpina*

Großblüten-Sonnenröschen *Helianthemum grandiflorum*

Quirl-Weißwurz *Polygonatum verticillatum*

Punktierter Enzian *Gentiana punctata*

Krummholzregion

VOM KRUMMHOLZ ZU DEN GLETSCHERN

Blattreiches Läusekraut
Pedicularis foliosa

Frisch ist die Luft so hoch in den Bergen, staubfrei und trotz der schwierigen klimatischen Verhältnisse eine Freude für die Vegetation, das können Blattreiches Läusekraut, Alpen-Hahnenfuß und Aurikel bestätigen. In der Krummholzregion oberhalb der Almen behaupten sich Legföhren und Lärchen wie hartnäckige Zwerge. Auch die Rauschbeere und die Preiselbeere, dazwischen auf feuchtem Boden die Isländische Flechte, können den strengen Temperaturen im Winter widerstehen. Kälterekorde mit minus 45,8 °C wurden am Funtensee im Gebirgsmassiv des Steinernen Meeres gemessen, einem Kessel aus Hochmooren und ehemaligen Viehweiden. Im Bereich dieser öden Geröll- und Steinzone – der Name Steinernes Meer trifft es genau – blüht nur noch das pelzige Edelweiß.

Hier beginnt die fast unberührte Welt der Hochalpen. Der Watzmann, das Wahrzeichen Berchtesgadens, ein atemberaubendes Kalksteinmassiv mit der 2713 Meter hohen Watzmann-Mittelspitze ragt majestätisch gen Himmel; umgeben von seinen Nebengipfeln. Die Watzmann-Ostwand ist die höchste Wand der Ostalpen. Kein Wunder, dass sich um dieses Gebiet viele Sagen

Die Mühlsturzhörner

und Mythen ranken. Stille umgibt den Wanderer und ein Staunen erfasst ihn, wenn er dieses Kalksteinmassiv besteigt.

Im Reich dieser gigantischen Gipfel schimmern Gletscher und ewige Schneefelder. Früher reichten die Gletscher nicht selten bis in die Täler hinab, doch inzwischen droht dem Alpenraum durch die Veränderungen des Klimas Gefahr. Untersuchungen im Nationalpark zeigen erste Folgen für die alpine Flora und Fauna. Tiere und Pflanzen passen sich an, müssen ihren Lebensraum verlagern. In den Jahren zwischen 2003 und 2010 verschob sich die Wachstumsgrenze vieler Pflanzen aufgrund der steigenden Temperaturen nach oben, die Brutreviere der Vögel verlagerten sich in Richtung Gipfel. Nach einer kanadischen Studie werden die gesamten Alpengletscher bis zum Ende dieses Jahrhunderts auf ein Viertel abgeschmolzen sein. Der Blaueisgletscher am Hochkalter nahm besonders stark ab, seit 1980 wurde er um ein Viertel kleiner.

Alpen-Hahnenfuß *Ranunculus alpestris*

Aurikel *Primula auricula*

SCIENCE-FICTION-LANDSCHAFT

Das Wimbachgries

Weiße Silberwurz *Dryas octopetala*

Ein zehn Kilometer langer und dreihundert Meter breiter Fluss aus Stein und Geröll, scheinbar leblos, doch zugleich faszinierend: das Wimbachgries. Abgebrochenes Felsgestein, Kies und Sand mitführend, strömen die Schmelz- und Regenwasser vom Steinernen Meer herab und schieben sich zwischen Watzmann und Hochkalter talwärts. Der Schuttstrom ändert sich beständig, wandert in geologisch angemessenem Tempo, bildet Nebenarme, sogar kleine Inseln, an denen Gräser und Sträucher, ja kleine Bäume Halt finden und eine Zeit lang überleben. An die harschen Lebensbedingungen dieser Erosionslandschaft hat sich die Spirke erfolgreich angepasst, eine aufrecht wachsende Latschenkiefer, die hier bis zu zehn Meter hoch werden kann. In unmittelbarer Nachbarschaft der wie tot wirkenden Geröllhalde lebt jedoch eine schier unendliche Pflanzenpracht mit Vogel-Nestwurz,

Herzblättrige Kugelblume *Globularia cordifolia*

Akeleiblättrige Wiesenraute *Thalictrum aquilegiifolium*

Weißem Waldvöglein, Akeleiblättriger Wiesenraute, Enzian, Silberwurz, Herzblättriger Kugelblume, Schwarzer Akelei, Bärenklau, Wildem Alpenveilchen, Greiskraut und vielen anderen.

Während der Trockenzeit strömt der Wimbach zehn Kilometer still im Verborgenen unter dem eisgrauen Gesteinsbett. Erst kurz vor der Wimbachklamm treten die Wasser zutage und zwängen ihre wilden Fluten lautstark durch die schulterenge Felsschlucht. Über tief in die steilen Felswände eingegrabene Becken und Treppen strudelt und tobt der Wimbach, bevor er das Reich der Zivilisation erreicht, sich beruhigt und ermattet in die Ramsauer Ach ergießt.

Wildwasser in der Wimbachklamm

INFOS

Berchtesgadener Alpen

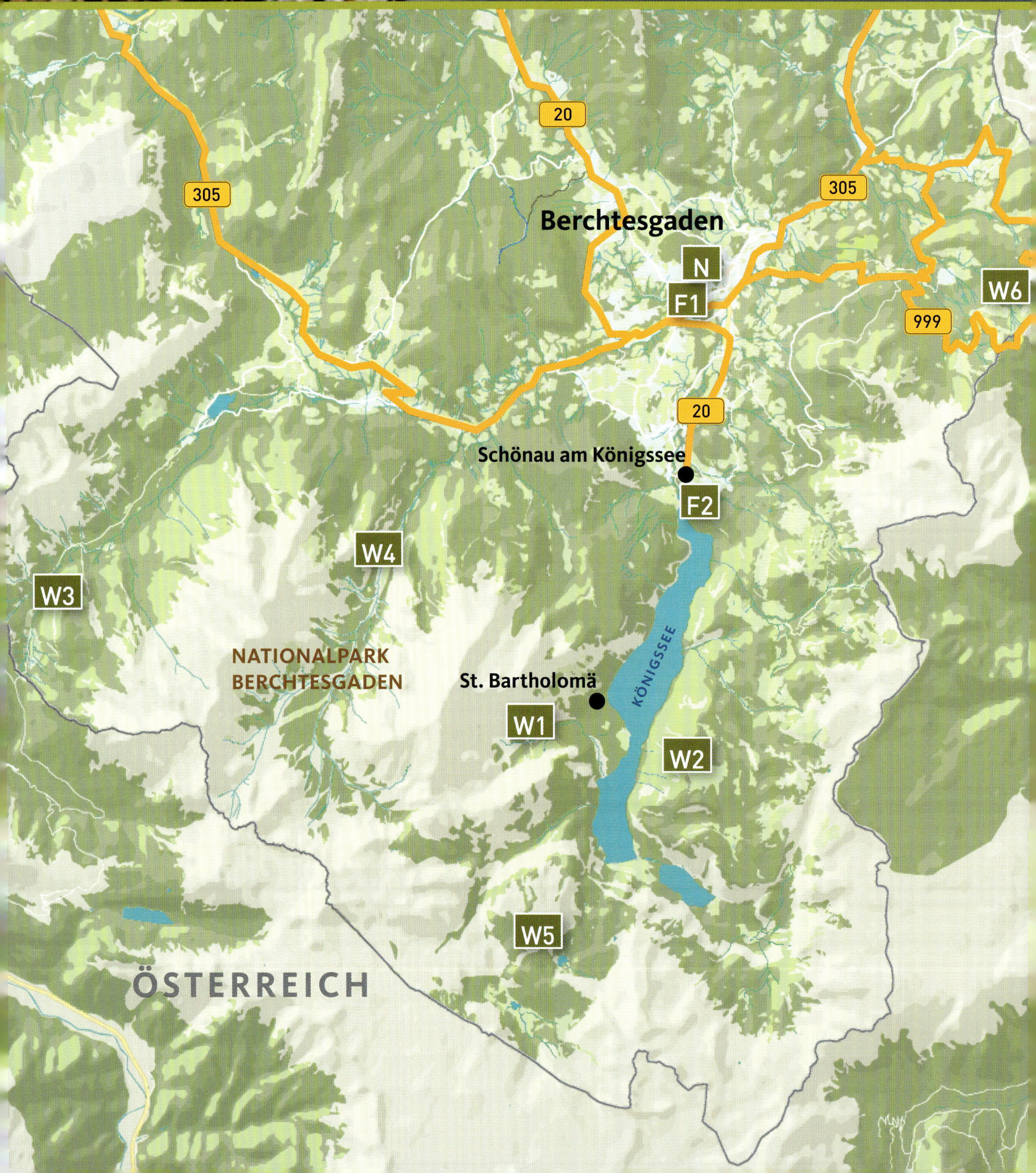

N TOR ZUM NATIONALPARK

In den Berchtesgadener Alpen lassen sich die unterschiedlichsten Lebensräume nahe beieinander entdecken. Einen guten Einstieg vermittelt das neue Nationalparkzentrum Haus der Berge in Berchtesgaden, das im Jahr 2013 eröffnet wurde. Im modernen Bau des Staatlichen Bauamts Traunstein wird über das Leben vom Grund des Königssees bis zu den Gipfeln der Alpen mit ihren Lebensräumen Wasser, Wald, Almen und Felsen berichtet.

Haus der Berge
Hanielstraße 7, 83471 Berchtesgaden
www.haus-der-berge.bayern.de

F1 PFLANZEN-WANDERUNGEN

Die Nationalparkverwaltung bietet neben zahlreichen anderen Führungen auch botanische Wanderungen an, beispielsweise durch das imposante Wimbach- und das Klausbachtal. Beliebt sind die Kräuterwanderungen, bei denen man lernt, die heimischen, oft farbenprächtigen wilden Pflanzen zu unterscheiden und sie an ihrem Geschmack zu erkennen. Die Termine der Führungen sind bei der Nationalparkverwaltung zu erfahren.

Nationalpark Berchtesgaden
Doktorberg 6, 83471 Berchtesgaden
www.nationalpark-berchtesgaden.bayern.de

F2 St. Bartholomä am Königssee

F2 Watzmann und Königssee

F2 DIE ALPEN ERLEBEN

Zu den eindrucksvollsten Erlebnissen zählt eine Bootsfahrt über den tiefgrün schimmernden Königssee. Er erstreckt sich über acht Kilometer Länge zwischen Watzmann und Jenner und erinnert an einen norwegischen Fjord. Entstanden ist er durch das Gletscherschmelzwasser am Ende der letzten Eiszeit vor 12 000 Jahren. Das 200 Meter tiefe und 17 °C kalte Gewässer gehört zu den saubersten in Deutschland. Seltene Fische wie der Seesaibling und die Seeforelle finden hier ideale Lebensbedingungen.

Umweltschonende, leise Boote mit Elektroantrieb bringen die Naturfreunde zur Halbinsel St. Bartholomä mit der weithin sichtbaren Kapelle und weiter bis zum Ende des Sees, der ursprünglich gar nicht das Ende war. Denn der letzte Teil des Fjords, der Obersee, wurde durch einen Bergrutsch im Jahr 1172 vom Königssee abgeschnitten. Die beiden Gewässer verbindet ein schmaler Wasserlauf mit üppiger Vegetation. Von der Anlegestelle Salet führt ein kurzer Wanderweg zum stillen Obersee. Wem das noch nicht reicht: Am südlichen Seeufer führt der Fischunkelalmweg zur steil aufragenden Walchhüttenwand, von der man hinab auf den Obersee schaut, und weiter zu der in den Sommermonaten bewirtschafteten Fischunkelalm. Einsamer ist der Weg von hier zum höchsten Wasserfall Deutschlands, den Röthbachfall mit einer Höhe von 470 Metern, am Talende.

Fischunkelalm
Obersee, 83471 Berchtesgaden, Tel. 08652/5549
www.seenschifffahrt.de

W1 EISKALT

Ewiges Eis hält sich in erstaunlicher Nähe zum Königssee. Von St. Bartholomä führt eine leichte Wanderung entlang des Eisbachs zu einem Schneefeld unterhalb der Watzmann-Ostwand. Hier entspringt der Eisbach in der sogenannten Eiskapelle, eine durch Schmelzwasser geformte Aushöhlung. Vom Betreten der Eiskapelle wird wegen der Einsturzgefahr dringend abgeraten, herabstürzende Eisblöcke wurden Wanderern schon zum Verhängnis.

W2 FEUERPALFEN UND GOTZENALM

Von der Bootsanlegestelle Kessel am Ostufer des Königssees geht es über Steilhänge und durch urwüchsige Bergwälder hinauf zur weitläufigen Gotzenalm. Diese Wanderung führt hauptsächlich durch Wald, kann also auch während der Sommerhitze sehr gut bewältigt werden. Der steile Aufstieg wird mit einem herrlichen Panorama vom Aussichtspunkt Feuerpalfen belohnt: Der Blick schweift vom tiefgrünen Wasser des Königssees hinauf über uralte Bergwälder zur bunten Almwiesenpracht, weiter zu den gigantischen Bergstöcken des Watzmanns mit tiefen Schluchten und eisigen Gletschern – eine Welt zum Staunen.

Die Berggaststätte Gotzenalm liegt auf 1685 Meter Höhe und hält von Ende Mai bis Mitte Oktober nicht nur eine kräftige Brotzeit bereit, sondern auch Möglichkeiten zum Übernachten für alle, die am nächsten Morgen noch höher hinauf wollen. Weitere Wanderpfade zur Gotzenalm starten an der Jenner Mittelstation, der Anlegestelle Salet und der Fischunkelalm.

Berggaststätte Gotzenalm, Tel. 08652/690900
www.gotzenalm.de

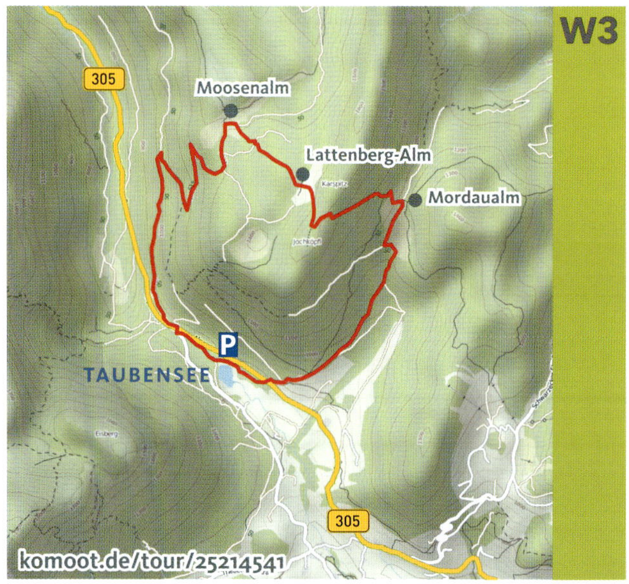

W3 ALMENRAUSCH

Einblicke in die Kulturlandschaft der Almen gibt der Almerlebnisweg bei Ramsau. Los geht es am Parkplatz Taubensee an der B305. Die fünfstündige, mittelschwere Wanderung führt auf elf Kilometern durch reizvolle Berglandschaft zu drei Almbetrieben: Die Mordaualm, die Lattenbergalm und die Moosenalm sind im Sommer bewirtschaftet. Informationstafeln entlang des Weges erläutern die Geschichte der Almen im Berchtesgadener Land und ihre Bedeutung für die heimische Kulturlandschaft. Bei geringer Schneelage kann die Tour bis in den Frühwinter gelaufen werden; bis zur Mordaualm als Winterwanderung sogar bei Eis und Schnee.

www.berchtesgadener-land.com

W4 INS KRUMMHOLZ

Kenntnisse über die Vegetationsstufen vom Talgrund durch Bergwälder und Almen bis hinauf in die Krummholzregion vermittelt eine Wanderung durch das Klausbachtal zum Hirschbichlpass. Auf diesem Weg wurde über viele Jahrhunderte das Berchtesgadener Salz nach Österreich in den Pinzgau gebracht.

Vom Parkplatz südlich des Hintersees verläuft der Weg über Weideflächen und durch lichten Mischwald. Eindrucksvoll die Mühlsturzhörner, an deren Gipfel noch deutlich die Abbruchstelle eines gigantischen Felssturzes im Jahr 1999 zu sehen ist. Weiter geht es durch dichten Nadelwald steil bergauf bis zur Bindalm. Von der denkmalgeschützten Alm fällt der Blick auf die majestätische Reiteralpe.

W4 Oberhalb der Baumgrenze

Mehrere Wege führen in die besonders vielfältige Krummholzregion. Bis zum Hirschbichlpass ist es nur noch ein kurzes Stück; der Alpengasthof Hirschbichl auf der Passhöhe bietet die Möglichkeit zur Rast und Stärkung. Wandermüde fährt der Almerlebnisbus zum Ausgangspunkt zurück. Weitere Vorschläge zu Wanderungen gibt es auf der Webseite.

www.berchtesgadener-land.com
Alpengasthof Hirschbichl
Hintertal 6, 5093 Weissbach (Österreich)
www.hirschbichl.at

W4 Imposante Krummholzregion

W5 WIMBACHTAL

Das Wimbachtal lässt sich am besten von der Nationalpark-Infostelle Wimbachbrücke an der B305 erreichen. Ein Abenteuer für sich ist die Passage der vom Wildwasser durchbrausten Wimbachklamm, bevor man in das eigentliche Wimbachtal gelangt. Für den Zutritt zu Klamm wird eine kleine Gebühr fällig. Bis zur Berggaststätte Wimbachschloss läuft man neben dem 300 Meter breiten Geröllstrom nicht viel länger als eine Stunde, sofern man den zahlreichen Alpenblumen am Wegesrand keine Aufmerksamkeit schenkt. Also besser viel Zeit einplanen.

Weiter geht es hoch entlang am imposanten Wimbachgries. Auf einer Höhe von 1327 Metern liegt die Wimbachgrieshütte des Vereins NaturFreunde Deutschlands, die nur im Sommer bewirtschaftet wird. Sie ist relativ leicht zu erreichen und ein empfehlenswerter Ausgangspunkt für eine Mehrtagestour zum Kärlingerhaus, zum Riemannhaus, zum Ingolstädter Haus oder für eine Watzmann-Übersteigung.

www.wimbachschloss.net
www.wimbachgrieshuette.de

W5 Das Wimbachtal

W6 STEINERNES MEER

Die klassische Route von St. Bartholomä zum Steinernen Meer führt unter der Burgstallwand am Westufer des Königssees entlang. Von der Burgstallwand wurden bis 1930 gefällte Bäume in den See gestürzt und dann nach Berchtesgaden getriftet. Hinter den Kaskaden des Schraibachfalls geht es bergauf über eine alte Almlandschaft.

Durch den berüchtigten Taleinschnitt Saugasse führen dreißig Serpentinen hinauf zum Funtenseesattel, von dem das Kärlingerhaus schon zu sehen ist; auf 1638 Meter Höhe die perfekte Basis für die Erkundung des Steinernen Meeres und des Funtensees. Am Funtensee werden in den Wintermonaten Temperaturen unter –45 °C gemessen. Hier liegt der Kältepol Deutschlands.

Reservierungen sind nur über das Reservierungsformular auf der Webseite oder per E-Mail möglich.

www.kaerlingerhaus.de

W7 ROSSFELDPANORAMA-STRASSE

Die großartigen Lebensräume der Berchtesgadener Alpen lassen sich auf vielfältige Weise erkunden. Meistens jedoch ist dies mit einer gehörigen Portion Anstrengung und Ausdauer verbunden. Wer es lieber bequem haben möchte, kann auf der Rossfeld-Panoramastraße in die Höhe streben. In den allermeisten Fällen wird dafür das Auto gewählt, denn die 24% Steigung sind nur von den allerhärtesten Radlerwaden zu meistern.

Zur 16 Kilometer langen Rossfeld-Panoramastraße schraubt sich von Berchtesgaden die Salzbergstraße (B319) hinauf. Die mautpflichtige Strecke wurde 1956 eröffnet. Ihren höchsten Punkt erreicht sie bei 1543 Metern am Hennenköpfl, von hier bietet sich ein grandioser Ausblick über die Berchtesgadener Alpen. Über Obernau geht es in engen Kurven wieder bergab.

Zwei schön gelegene Berggasthöfe an der Strecke laden zu Rast und Einkehr ein. Die Panoramastraße kann ganzjährig befahren werden und wird zu einem unvergesslichen Erlebnis, vor allem wenn man das Fahrzeug parkt und die Wanderstiefel zum Einsatz kommen. Es gibt mehrere abwechslungsreiche Wanderungen mit unterschiedlichen Ansprüchen. Zwei leichte Bergwanderungen führen von der Roßfeldpanoramastraße aus zum 1692 Meter hoch gelegenen Purtschellerhaus, einem beliebten Stützpunkt für die anspruchsvolle Bergtour zum Hohen Göll (2522 m).

www.rossfeldpanoramastrasse.de

W5 Wimbachklamm

Bayerischer Wald

ALPEN-MUTTERWURZ

MUTELLINA ADONIDIFOLIA

Bekannt im Bayerischen Wald ist die Bärwurz mit ihren weißen Blütendolden und filigranen Blättern. Beliebt ist das Aroma aus der Flasche, wenn die Bärwurz zum gerühmten Kräuterschnaps gereift ist. In Wahrheit jedoch wird die Pflanze mit ihrem würzigen Duft nicht für die Herstellung dieser Spirituose verwendet. Das übernimmt die Mutterwurz, eine Verwandte der Bärwurz, die für die Alkoholproduktion in speziellen Kulturen angepflanzt wird. Wild trifft man sie nur noch selten auf den Wiesen an. Im Bayerischen Wald wird die Mutterwurz fälschlicherweise Bärwurz genannt.

Der Rachelsee

BORKENKÄFER-ALARM IM FICHTENWALD

Gewöhnliche Akelei *Aquilegia vulgaris*

Grenzenlos erscheint der Wald, schwingt hin zu den blauen Höhen, die sich in weiter Ferne verlieren. Der Böhmerwald (tschechisch: Šumava) stößt hier an den Bayerischen Wald. Zusammen bilden sie das größte Waldgebiet in der Mitte Europas. Eine einsame Idylle, diese undurchdringlichen Wälder, die Adalbert Stifter nicht treffender hätte beschreiben können: „Alle, die je in jene Waldländer gerieten, fanden eine schöne Wildnis voll gesunder Blumen, Kräuter und herrlicher Bäume, die Wohnung unzähliger fremder Vögel und Tiere." (Der Hochwald)

1970 wurde im Bayerischen Wald Deutschlands erster Nationalpark gegründet. Gemäß des selbst gewählten Mottos der Nationalparks – „Natur Natur sein lassen" – unterließ es die Forstverwaltung, den Borkenkäfer zu bekämpfen. Das führte in den 90er Jahren des letzten Jahrhunderts zum großflächigen Absterben der Fichtenforste. Eine Entscheidung, die scharf kritisiert wurde, nicht nur von den einheimischen Waldbesitzern und Sägewerksbetreibern.

Roter Fingerhut *Digitalis purpurea* und Draht-Schmiele *Deschampsia flexuosa*

Jedoch wächst zwischen den abgestorbenen Baumgerippen am Lusen und am Rachel unaufhaltsam ein junger Bergwald empor, der bereits eine beträchtliche Höhe erreicht hat und die morschen Totholzstämme längst überwuchert. Die Wünsche der Naturschützer und der Nationalparkverwaltung gehen in Erfüllung: Wie von selbst entsteht ein artenreicher, lebendiger Wald mit den zugehörigen Pflanzen Roter Fingerhut und Akelei.

Renaturierung aus eigener Kraft

Gipfel des Lusen

GIPFELTREFFEN – LUSEN, RACHEL, GROSSER ARBER

Schwalbenwurz-Enzian
Gentiana asclepiadea

Das Leben des Waldes mit all seinen Blumen, Tieren und Bäumen zaubert unvorhersehbare neue Bilder. Ständig ist die Idylle von Einst, diese märchenhafte Waldeinsamkeit, dem Wandel aus Niedergang und Wiedererwachen unterworfen.

Der höchste Berg des Bayerischen Waldes, der Große Arber, erreicht eine Höhe von 1456 Metern. Hier gelingt es nur der robusten Bergkiefer, auch Legföhre oder Latsche genannt, mit ihrem niedrigen Wuchs zu überleben. Weitere Vertreter der alpinen Vegetation sind niedrig wachsende Vogelbeerbäume und der stark gefährdete Zwergstrauch Krähenbeere.

Unterhalb der Gipfelzone am Großen Arber, am Lusen und am Rachel, schließt sich der hochmontane Bergfichtenwald an, unempfindlich gegen Kälte und in diesen Höhe ohne Konkurrenz. Die tiefen Winter in den Höhenlagen verkürzen die Vegetationszeit erheblich. Unter lichten Baumbeständen haben Berg-Soldanelle, Siebenstern, Draht-Schmiele oder Gewöhnlicher Alpenlattich noch ein bescheidenes Auskommen.

Schneereste am Rachel

Ersparen Sie sich und der Natur das Ersteigen des Großen Arber, dem höchsten Gipfel im Bayerischen Wald. Denn im Laufe der letzten Jahrzehnte wurde der Berg regelrecht zugebaut: Radartürme, eine Beschneiungsanlage, ein unterirdischer Schrägaufzug, Strom- und Wasserleitungen sowie jüngst eine Gondel- und Sesselbahn. Das Arbergebiet ist eine Tourismus-Attraktion für mehr als eine halbe Million Besucher pro Jahr; Menschen, die eigentlich Erholung in der Natur suchen und dabei die Natur zerstören. Durch Luftverschmutzung, Bautätigkeit und Trittbelastung sind viele Pflanzen und Tiere in der Gipfelregion verschwunden. Es gibt eine ganze Liste der bisher verschollenen Pflanzen am Arbergipfel: Resedenblättriges Schaumkraut, Korallenwurz, Nickendes Weidenröschen, Alpen-Milchlattich, Alpen-Weidenröschen, Berg-Greiskraut, Wiesen-Habichtskraut, Alpen-Rispengras und Alpen-Mastkraut.

Alpen-Milchlattich *Cicerbita alpina*

Wiesen-Glockenblume *Campanula patula*

SCHACHTEN UND FILZE, INSELN IM WALD

Wald-Schachtelhalm
Equisetum sylvaticum

Die Schachten, alte Weideflächen in Höhen über 1000 Metern, wurden noch bis 1960 als Sommerweiden genutzt, dann aufgegeben. Wie Inseln ruhen noch heute riesige Bäume auf den Weiden; einst Schattenspender für die Herden, nun abgestorben und von Wind und Wetter zu bizarren Baumungeheuern geformt. Türkenbund, Pannonischer Enzian, Schwalbenwurz-Enzian, Berg-Greiskraut, Katzenpfötchen, Arnika und verschiedene Eisenhutarten setzen Farbtupfer in das satte Grün. Dennoch, so artenreich wie die Almwiesen der Alpen sind diese Bergweiden nicht.

Aufgrund des feuchten und kühlen Klimas nehmen Moore – im Bayerischen Wald heißen sie Filze – ein Fünftel der gesamten Nationalparkfläche ein. Die extrem sauren, nährstoffarmen und kalten Moortümpel werden treffend Mooraugen genannt, ein naturbelassener, unverfälschter Lebensraum. Einem Polster gleichend säumen Rauschbeeren, Verwandte der Heidelbeere, die Ränder der Tümpel, ebenso Torfmoose, Rentierflechten, Teich-Schachtelhalm und Moorbärlapp. Baumzwerge recken ihre knorrigen Äste empor. Über das spiegelglatte Wasser schwirren Moorlibellen, auch Hochmoorgelblinge, diese sehr seltenen Falter.

Schachten heißen hier die Almen

Moorsee im Latschenfilz

Krauses Aschenkraut *Tephroseris crispa*

Echte Rentierflechte *Cladonia rangiferina*

Gewöhnliches Katzenpfötchen *Antennaria dioica*

Wolfs-Eisenhut *Aconitum lycoctonum*

WILDE BERGWÄLDER UND ÜPPIGE FEUCHTWIESEN

Bergmischwald

Breitblättriges Knabenkraut
Dactylorhiza majalis

Die Bergmischwälder auf den Hängen des Bayerischen Waldes werden forstwirtschaftlich genutzt. Buchen, Tannen und Fichten bestimmen das Waldbild, vereinzelt mischen sich Bergahorn, Eschen und die seltene Bergulme dazwischen. Dieser Lebensraum reicht bis zu einer Höhe von 1100 bis 1200 Metern. Den Waldboden bedeckt ein dichter Kräuterteppich mit Tannenbärlapp, Hasenlattich, Fuchsschem Greiskraut und Rippenfarn. Auch die Berg-Soldanelle – in Deutschland sonst nur selten anzutreffen – ist hier recht häufig zu finden. „Urwälder" ohne wirtschaftliche Nutzung sind in nur wenigen kleinen Naturschutzgebieten anzutreffen, so am Großen Arbersee, am Rachelsee, im Riesloch oder im Watzlik-Hain. Der reine Fichtenwald, von einigen Naturschützern als monotoner Wirtschaftsforst abgetan, hat im Bayerischen Wald klimabedingt in den kalten Talauen ein natürliches Vorkommen. Die Fichte gilt als der Brotbaum der Forstwirtschaft, ihr Anteil in den Wäldern Bayerns wird mit 44 Prozent angegeben.

Wo Bäche und Rinnsale aus dem Wald hervortreten und über Wiesen ins Tal rinnen entwickeln sich üppige Hochstaudenfluren. Hier wächst die Österreichische

Sprossender Bärlapp *Lycopodium annotinum*

Frühlings-Platterbse *Lathyrus vernus*

Gämswurz, die innerhalb Deutschlands nur noch im Berchtesgadener Land gedeiht. Im Gegensatz zum bekannten Blutweiderich wird das Krause Aschenkraut auf den feuchten Gebirgswiesen immer seltener. Es wird auch Bach-Aschenkraut genannt, früher hieß die Art Krauses oder Bach-Greiskraut. Beachtlich der Orchideenreichtum dieser Feuchtgebiete. Durch Kunstdünger, vom Wind auf entfernteste Flächen getrieben, vom Regen auf benachbarte Wiesen gespült, sind sie stark gefährdet. Die Orchideen, wie das Breitblättrige Knabenkraut, haben keine Zeit Samen oder Tochterknollen zu bilden, wenn die Wiesen mehrmals im Jahr gemäht werden. Auch dieser Lebensraum ist bedroht.

Feuchtwiese mit Blut-Weiderich *Lythrum salicaria*

INFOS

Bayerischer Wald

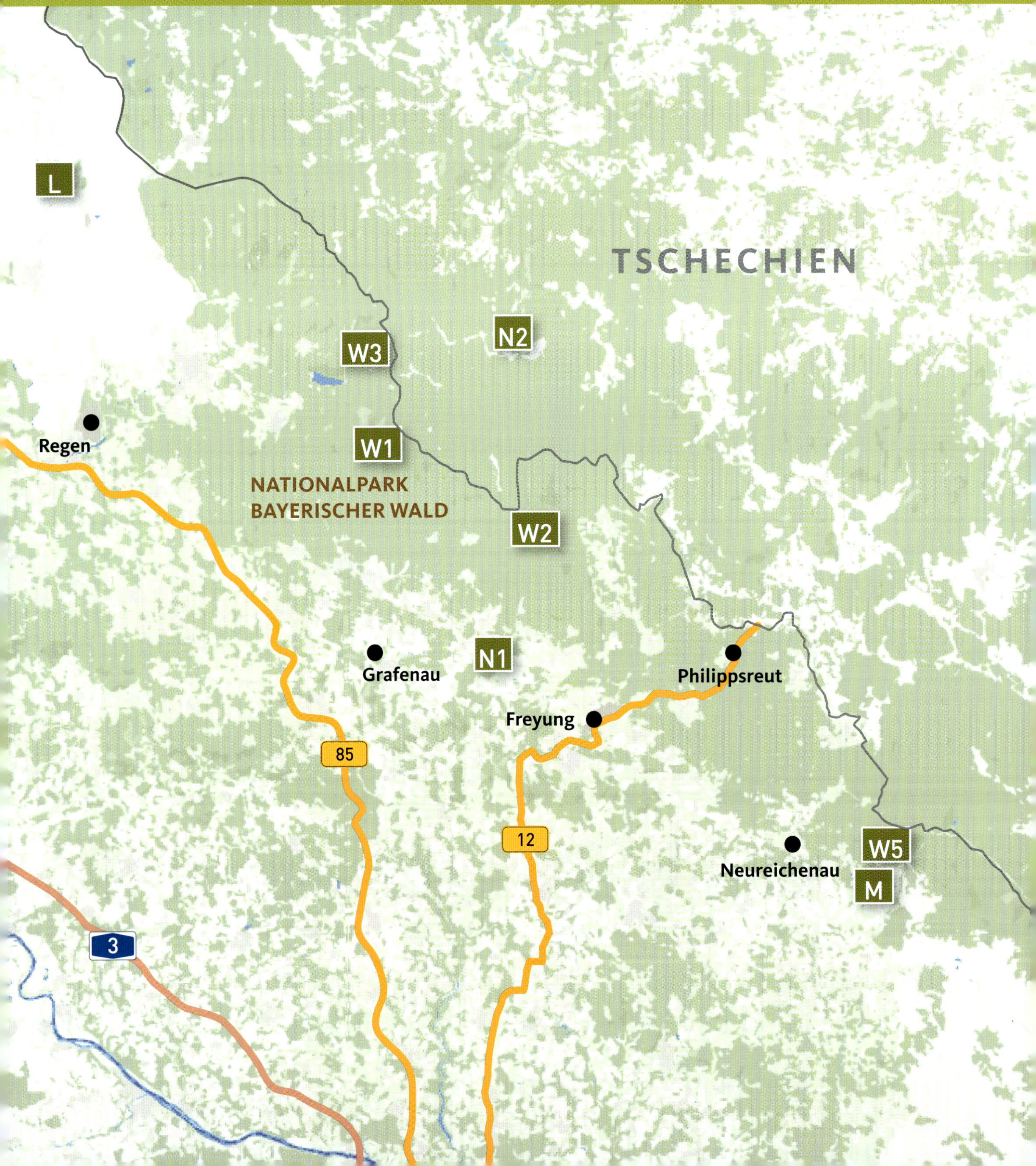

N1 NATIONALPARKZENTRUM

Ein botanisches Bestimmungsbuch in natura könnte man das Pflanzen-Freigelände am Informationszentrum Hans-Eisermann-Haus nennen. Es bietet einen guten Einstieg in die Pflanzengesellschaften des Bayerischen Waldes. Über 700 Blumen, Gräser und Farne stehen hier dicht, aber keineswegs wahllos beieinander. Sogenannte Leitpflanzen weisen darauf hin, in welchem Lebensraum des Gebirges man sich befindet. So gibt beispielsweise der Waldmeister darüber Auskunft, ob wir uns in einem artenreichen Mischwald oder in einem artenarmen Forst befinden. Typische Landschaftsformen wie Blockhalde, Bergsee oder Hochmoor kommen auf dem Freigelände vor. An der Tast- und Riechmauer lassen sich einzelne Pflanzen durch Berühren und Schnuppern unterscheiden. Eine anregende Erfahrung für alle Besucher des Pflanzen-Freigeländes. Ebenso spannend und informativ ist ein Besuch des nahen Tier-Freigeländes. Bären, Wölfe, Seeotter und andere Wildtiere bewegen sich hier wie in freier Wildbahn.

N1 Tier-Freigelände Neuschönau

Hans-Eisermann-Haus im Nationalparkzentrum Lusen
Böhmstraße 35, 94556 Neuschönau
www.nationalpark-bayerischer-wald.de

N2 GRÜNES DACH

Der Nationalpark Bayerischer Wald bildet zusammen mit dem tschechischen Nationalpark Sumava, auf deutsch „die Rauschende“, das größte zusammenhängende Waldgebiet in Mitteleuropa, auch Grünes Dach Europas genannt. Informationen zum tschechischen Nationalpark in deutscher Sprache bietet die Webseite.
www.npsumava.cz

F1 UNKRÄUTER

Sie nennen sich Kräuterpädagogen – getreu der Worte des amerikanischen Naturphilosophen Ralph Waldo Emerson: „Unkraut nennt man die Pflanzen, deren Vorzüge noch nicht erkannt worden sind.“ Mit fundiertem Wissen vermitteln sie Grundkenntnisse der einheimischen Pflanzenwelt und ihrer Bedeutung als Lebensgrundlage. Wichtig ist, die Pflanzen sinnlich zu erfahren, spielerisch das aufmerksame Sehen zu erlernen und selbst aktiv mit den bislang nur als Unkräuter bezeichneten Wildpflanzen zu arbeiten. Sie verraten, wie und wo Wildkräuter zu finden und zu erkennen sind und wie man aus ihnen leckere Delikatessen zubereitet.

Die Unkäuterschule Niederbayern/Oberpfalz bietet Pflanzenexkursionen und Kräuterspaziergänge in der Region an. Termine erfährt man auf der Webseite.
www.unkraeuterschule.de

L GROSSER ARBER

Eine sehr informative Broschüre zum Großen Arber, die auch die Umweltbelastung auf dem Berg darstellt, ist auf der Seite des Naturparks Bayerischer Wald als PDF-Download unter Archiv bzw. Infomaterial zu finden.
www.naturpark-bayer-wald.de

L Großer Arber

W1 Kapelle am Rachelsee

W1 RACHEL

Der Rachelsee, ein Überbleibsel der Eiszeit, kann nur auf Fußwegen erreicht werden. Wie der Große Arbersee entstand auch der Rachelsee als eiszeitlicher Karsee. Die Schmelzwasser des Rachelgletschers stauten sich hinter einem Wall von Moränen auf. Um den See wurde seit der Einrichtung des Naturschutzgebietes im Jahre 1950 kein Baum mehr gefällt. Seither konnte sich ein wilder Urwald bilden.

Der Name Rachel für Berg und See wird auf Hel, die Todesgöttin der Germanen, zurückgeführt. Der Name Hel klingt nach in unserem Wort für die unterirdische Totenwelt, die Hölle.

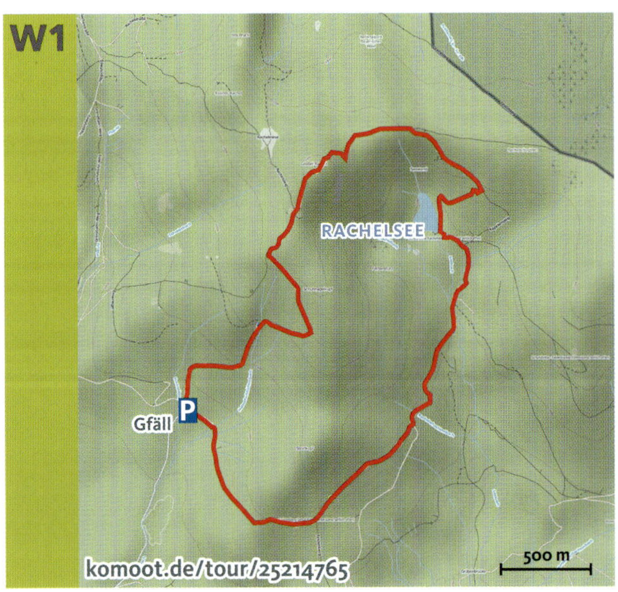

Tatsächlich leben unter der dunkelbraunen Wasseroberfläche des 13,5 Meter tiefen Sees nur wenige Fische und andere Wassertiere – Grund dafür ist die Übersäuerung.

Wandertipp: Mit dem umweltfreundlichen Igelbus gelangt man von Spiegelau zum Halteplatz Gfäll, von hier geht es zu Fuß zum 1360 Meter hochgelegenen Berggaststätte Waldschmidthaus – offiziell Rachelschutzhaus – unterhalb des Rachelgipfels, dem mit 1453 Metern zweithöchsten Berg des Bayerischen Waldes. Von dort geht es über die Rachelkapelle hinab zum Rachelsee und zurück nach Gfäll.

Rachel-Waldschmidthaus
Klingenbrunn 30, 94518 Spiegelau

www.rachel-waldschmidthaus.de
www.spiegelau.de

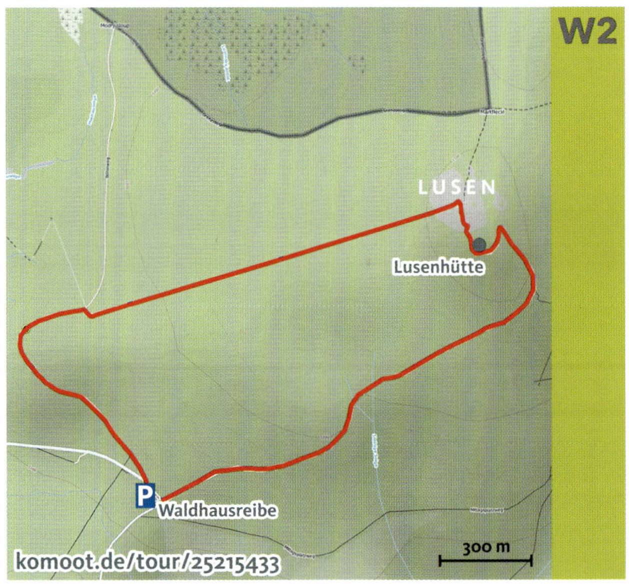

W2 LUSEN

Die einsame Wald- und Felsenlandschaft des Lusen erreicht man vom Ort Waldhäuser. Auf dem mit 1373 Metern zweithöchsten Berg des Nationalparks bildet sich unter abgestorbenen Fichten neuer Bergwald. Der schnurgerade, nur mäßig ansteigende Sommerweg führt hindurch, weiter über die steile Himmelsleiter bis zur felsübersäten Gipfelkuppe. Im Sommer bietet die Lusenhütte, wenige Meter unterhalb des Gipfels, Erfrischungen an. Über den Winterweg geht es zurück nach Waldhäuser.

www.lusenschutzhaus.de

W3 SCHACHTEN UND FILZE

Der Böhmerwald besteht zu einem nicht geringen Teil aus großflächigen Mooren, meistens auf dem Gebiet des tschechischen Nationalparks Sumava.

Eine ebenso geheimnisvolle wie spannende Exkursion ins Moor bietet der Wanderweg Schachten und Filze. Er berührt auch alte Viehweiden des Hochplateaus, Schachten genannt. Moore heißen im Bayerischen Wald Filze. Diese Tageswanderung beginnt am Info-Pavillon der Talsperre Frauenau. Der Wanderweg

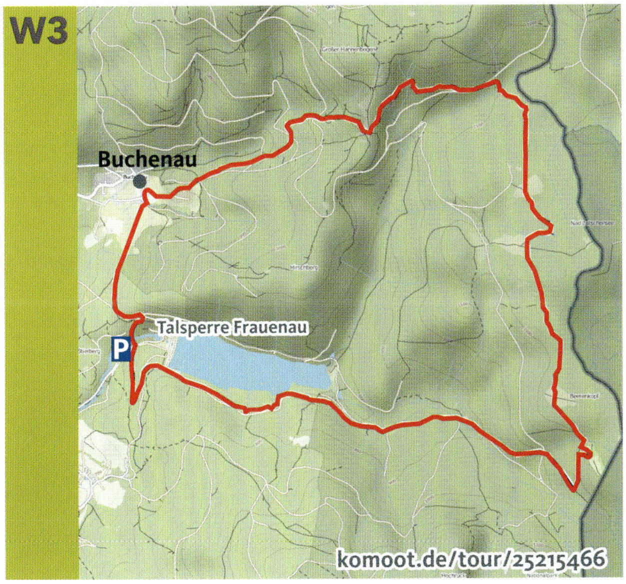

erreicht zuerst den Verlorenen Schachten und den Almschachten, führt am Hochschachten über einen 700 Meter langen Bohlensteg zum Latschenfilz mit seinen beiden kleinen Moorseen und weiter zum Kohlschachten. Über den Zwieselter Filz und den Lindenberger Schachten gelangt er nach Buchenau und über den Gläsernen Stieg zurück zum Ausgangspunkt an der Talsperre.

Für Radfahrer gibt es eine markierte Route über dieses Hochplateau. An der Schutzhütte am Hochschachten ermöglichen Absperrbügel das sichere Abstellen der Räder. So können Radfahrer die eigentümliche Landschaft des Latschenfilzes zu Fuß erkunden, Radfahren ist auf dem Bohlenweg nicht erlaubt.

W4 HOCHMOOR TODTENAU

Durch das 148 Hektar große Hochmoor Todtenau führt ein acht Kilometer langer Naturerlebnispfad vom Rathaus in Kirchberg im Wald nach Dösingerried und wieder zurück. Eine Reise durch 13 000 Jahre Vegetationsgeschichte: Alle Entwicklungsstufen vom Niedermoor über das Zwischenmoor bis zum Hochmoor sind hier anzutreffen; ebenso die typischen, aber selten gewordenen Pflanzen und Tiere der Moore. Diese geheimnisvolle Welt mit ihrem sumpfigen Untergrund, den knorrigen Fichten, Spirken und dem dichten Nebel strahlt eine unheimliche Atmosphäre aus und war für die Menschen schon immer Schauplatz vieler düsterer Sagen und Geschichten.

www.kirchbergimwald.de

W5 WITIKOSTEIG

Den Spuren des großen österreichischen Dichters Adalbert Stifter folgt der Witikosteig im Dreiländereck zwischen Tschechien, Österreich und Deutschland; er führt in zwei Stunden vom Rosenberger Gut in Lackenhäuser auf den Dreisesselberg. Benannt wurde der Weg nach Stifters bekanntestem Roman Witiko. Stifter weilte häufig auf dem Gut und verfasste hier viele seiner einzigartigen Naturschilderungen, in denen er sich als wahrer Meister erwies. Die Wanderung kann über den Adalbert-Stifter-Weg bis zum Bayerischen Plöckenstein und Steinernen Meer ausgedehnt werden.

www.dreisessel.com

W5 Der Hochwald

M1 ADALBERT STIFTER

Im Rosenberger Gut in Lackenhäuser, wo Stifter seine Erzählungen über den Böhmerwald schrieb, konnte man früher lediglich seine Schreibstube besichtigen. Seit September 2014 erinnert in den Räumen des Ladenstöckls im Rosenberger Gut ein neues Adalbert-Stifter-Museum in moderner Form an den Dichter. Der Besucher wird hier mit der Biografie Stifters vertraut gemacht: Er wurde 1805 im böhmischen Oberplan geboren und arbeitete als Schulrat und Volksschulinspektor. Neben der Brotarbeit malte und schrieb er bis zu seinem Tod im Jahre 1868. Über die reinen Fakten hinaus ermöglicht die Ausstellung, auch visuell in sein Leben einzutauchen und so die Person Adalbert Stifter hautnah zu erleben.

Chronologisch geordnete Erstausgaben seiner Bücher – gut geschützt hinter Glas – verschaffen dem Betrachter einen Überblick über Stifters literarisches Werk. Seine bekanntesten sind die Erzählung *Der Hochwald* (1842), der Roman *Nachsommer* (1857) und das böhmische Geschichtsepos *Witiko* (1865–67). Stifters Tätigkeit als Maler, die weitgehend unbekannt geblieben ist, kann in einer Bilderschau kennengelernt werden, parallel dazu werden Landschaftsimpressionen gezeigt.

Unweit vom Dreisesselberg, den Adalbert Stifter in seinen Erzählungen immer wieder beschrieben hat, steht das Geburtshaus des Dichters im tschechischen Horní Planá, früher Oberplan. Die Gedenkstätte gibt Einblicke in Stifters Leben als Dichter, Maler, Zeichner, Hauslehrer, Konservator und Schulreformer.

Museum Stifter und der Wald
Lackenhäuser 146, 94089 Neureichenau
www.neureichenau.de

Gedenkstätte Adalbert Stifter
Palackého 21, 38226 Horní Planá
www.muzeumck.cz (in tschechischer Sprache)

M1 Adalbert Stifters Schreibstube

W2 Gipfel des Lusen

Schwarzwald und Kaiserstuhl

ALPEN-SOLDANELLE

SOLDANELLA ALPINA

Eine botanische Seltenheit harrt auf der Gipfelkuppe des Feldberges aus, das Echte Alpenglöckchen, auch Almglöckchen, Blaues Schneeglöckchen oder Alpen-Troddelblume genannt. 2004 war es die Blume des Jahres. Wie der Name nahe legt, sind seine zarten blauen Glöckchen recht häufig in den Alpen zu entdecken. Im Schwarzwald jedoch ist es eine Besonderheit. Auf dem Feldberg, in schneebedeckten Senken der subalpinen Höhenlage, hat es sich einen kleinen isolierten Lebensraum bewahrt.

Nordschwarzwald

SILVA NIGRA – EIN GEBIRGE ENTSTEHT

Fransen-Enzian *Gentianopsis ciliata*

Schon die Römer nannten diese unbesiedelten, unzugänglichen, von dunklen Tannen geprägten Waldflächen *silva nigra*, „schwarzer Wald". Was für ein seltsamer Name für das in allen Farben leuchtende Mittelgebirge mit seinen blaugrünen Karseen, den strahlenden Goldtönen des Herbstes, der sommerlichen Blütenpracht von Knabenkraut bis Enzian.

An beeindruckenden Aussichtspunkten fehlt es dem Schwarzwald nicht. Faszinierend der Blick von dem 1241 Meter hohen Kandel im Hochschwarzwald über das weite Tal des Oberrheins und die Grenze hinweg zu den Vogesen, wenn sich der Nebel wie ein riesiges weißes Tuch über den Oberrheingraben legt und sich nur die Spitze des Kaiserstuhls, einer Insel gleich, aus dem Dunstmeer erhebt.

Hier wogte früher wirklich ein urzeitliches Meer, bedeckte vor 160 Millionen Jahren weite Teile Europas. Unter den Wassern lag eine Magmablase, die den Meeresboden auftrieb und ihn über den Meeresspiegel hob. Diese gewölbte Masse hielt dem Druck auf Dauer nicht stand, riss und sank auf einer Länge von 300 Kilometern und einer Breite von

Purpur-Knabenkraut *Orchis purpurea*

35 Kilometern ein. So bildete sich der heutige Oberrheingraben. Jedoch ließ der Druck des Magmas nicht nach, es suchte sich erneut einen Weg zur Oberfläche und brach vor 18 Millionen Jahren in der Mitte des Grabens auf. Dieser Vulkan – mittlerweile längst erloschen – trägt heute den Namen Kaiserstuhl. Der Schwarzwald und die Vogesen im französischen Elsass – die Reste der vom Magma aufgeworfenen Gesteinsschicht – begrenzen den Oberrheingraben im Osten und im Westen.

Hochschwarzwald

KAHLE GIPFEL, KLAMME SCHLUCHTEN

Vom Oberrheingraben steigt der Schwarzwald steil empor bis zur Spitze des 1493 Meter hohen Feldberges. Die weithin sichtbaren Gipfel im südlichen Schwarzwald, der Kandel, der Belchen und der Schauinsland, wurden durch jahrhundertelange Beweidung kahl und unbewaldet; im Nordschwarzwald sind die Hornisgrinde, der Schliffkopf und der Kniebis die höchsten Berge. Auf ihren Trockenwiesen haben die Silberdistel und der Gelbe Enzian, vereinzelt auch die Kuhschelle und Kranzenzian ihr Zuhause, auf den Höhen des Feldbergs wächst Scheuchzers Glockenblume, nach dem bedeutenden Alpenforscher benannt.

Die Höhen des Schwarzwaldes sind durch tiefe Täler getrennt, die sich teilweise zu Schluchten, ja zu kaum begehbaren Klüften verengen. Wo die Täler noch unberührt sind, halten sich Feucht- und Nasswiesen; Quellen, Bäche und Wasserfälle bestimmen das Landschaftsbild. In der Wutach- und Ravennaschlucht, dem Simonswälder Tal mit dem Hexenloch, im Hotzenwald das Wehratal und im Murgtal erblüht auf engstem Raum eine Vielzahl von Pflanzen. In der kühlen Lotenbachklamm, einem Seitental der Wutach, wachsen auf den Felsen Streifenfarn, Hundsflechte und die Rundblättrige Glockenblume.

Auf den sonnigen Steilhängen der Wutachschlucht steht lichter Ahorn-Linden-Wald, in dem Wärme liebende Kräuter gut gedeihen. Im Talgrund säumt Grauerlenwald die Ufer der Wutach, die Kiesbänke im bräunlichen Wasser hat die Pestwurz fest im Griff. Schattig und feucht sind die Nordseite und die Seitentäler. Im Frühjahr überziehen typische Frühblüher wie Seidelbast, Märzenbecher, Lerchensporn, Gelbes Buschwindröschen und der stark nach Knoblauch duftende Bärlauch die Uferwälder. Dunkelgrüne Moospolster bedecken Totholz, leuchtende Farben der Flechten zieren graue Felswände.

Kranzenzian *Gentianella*

Gipfel des Belchen

Silberdistel *Carlina acaulis*

Gewöhnliches Kreuzblümchen *Polygala vulgaris*

Grünstieliger Streifenfarn *Asplenium viride*

Rundblättrige Glockenblume *Campanula rotundifolia*

Schuppen-Hundsflechte *Peltigera praetextata*

Eisenhutblättriger Hahnenfuß *Ranunculus aconitifolius*

Ellbach Karsee

KARSEEN UND MOORE – AUGEN IM SCHWARZWALD

Fliegen-Ragwurz *Ophrys insectifera*

Bemerkenswert in den Wäldern des Schwarzwaldes sind die Karseen, Überbleibsel der letzten Eiszeit. Vor 25 000 Jahren war der Gebirgszug von mächtigen Gletschern überzogen. Mit ihrem Abtauen veränderte sich diese Landschaft, das Gestein zerbröckelte, wurde hinabgeschwemmt, steile Berghänge, gewaltige Schutthalden, tiefe Senken in den Talsohlen entstanden. Schmelzwasser sammelten sich, bildeten kleine Seen, die langsam versumpften. Etwa ein Dutzend dieser zumeist abgelegenen Karseen blieb erhalten. Eine eigenwillige Vegetation musste sich entwickeln; man findet seltene Pflanzen wie den Sprossenden Bärlapp, das Scheidige Wollgras, die Moosbeere oder die Rosmarinheide – nur Spezialisten kommen in dieser Umgebung zurecht. Im Feldseemoor auf 1100 Metern gelingt es dem Rundblättrigen Sonnentau zu überleben.

Ein anderer typischer Lebensraum für den Schwarzwald sind die mit Torfmoos, Wollgras und Zwergsträuchern bewachsenen Hochmoore bei Kaltenbronn und Hinterzarten. Das Hohlohmoor und das Wildseemoor sind die Schmuckstücke des Nationalparks Schwarzwald. Hier sollen die „Urwälder von morgen" wachsen, was – wie so oft bei solchen Projekten in Deutschland – auf heftigen Widerstand stößt.

Hohlohmoor

Warziges Torfmoos *Sphagnum papillosum*

Rundblättriger Sonnentau *Drosera rotundifolia*

WARME INSEL KAISERSTUHL

Löss auf dem Kaiserstuhl

Violetter Dingel *Limodorum abortivum*

Nicht nur Weinliebhaber und Feinschmecker, auch Pflanzenkenner pilgern gerne zum Kaiserstuhl. Die Kuhschelle gilt als die Wappenpflanze des kleinen Gebirges in der Mitte des Oberrheingrabens nahe bei Freiburg. Der Vulkan aus vergangenen Zeiten lässt sich noch immer erahnen. In seinem warmen Klima mit heißen Sommern und milden Wintern gedeiht nicht nur der Wein prächtig, sondern auch die schönsten und seltensten Pflanzen. Sogar Gottesanbeterin und Smaragdeidechse fühlen sich hier zu Hause. Auch wenn ein Drittel des Kaiserstuhls für einen industriellen Weinanbau terrassiert wurde, – was u. a. den prominenten Naturschützer Horst Stern schon vor Jahrzehnten wütend machte – haben einige schmale Hohlwege die Rebumlegungen überstanden. Bis zu 30 Meter tief schneiden sie sich in den fruchtbaren Lößboden ein. Hier entfalten sich Pfirsichblättrige Glockenblumen, Salomonssiegel, Weißes Veilchen und Schwertlilien, in den Weinbergen Moschus-Traubenhyazinthen und Milchsterne, auf den trockenen Wiesen des Badberges und auf der Schelinger Matte blühen von Ende März bis in den

Weißes Veilchen *Viola alba*

Gewöhnliche Kuhschelle *Pulsatilla vulgaris*

Juni hinein die behaarten Kuhschellen und viele verschiedene Knabenkräuter. Dreißig Orchideenarten wurden gezählt, in ganz Deutschland sind nur etwa sechzig verschiedene Orchideenarten beheimatet. Eine Besonderheit ist der äußerst selten vorkommende, wärmebedürftige Violette Dingel; vom Aussterben bedroht wird sein Fundort geheim gehalten. Der Stängel dieser Orchidee erinnert an Spargel, hat keine Blätter und produziert kaum Chlorophyll. Er lebt wie alle Orchideen in Symbiose mit einem Wirtspilz. Daher misslingen auch die Versuche bestimmter „Naturliebhaber", ausgegrabene Orchideen im eigenen Garten heimisch zu machen.

Hohlweg

INFOS

Schwarzwald und Kaiserstuhl

N1 NATIONALPARK SCHWARZWALD

Mit 160 Kilometer Länge und Gipfeln bis zur Baumgrenze ist der Schwarzwald groß genug für einen Nationalpark und zwei Naturparks. Die Regionen am Ruhestein und am Hohen Ochsenkopf bilden seit 2014 den Nationalpark Schwarzwald. Das Nationalparkzentrum am Ruhestein liegt direkt an der Schwarzwaldhochstraße B500.

Nationalpark Schwarzwald
Schwarzwaldhochstraße 2, 77889 Seebach
www.schwarzwald-nationalpark.de

N2 NATURPARK SCHWARZWALD MITTE/NORD

Die Geschäftsstelle und der Info-Shop des Naturparks Schwarzwald Mitte/Nord e.V. befindet sich in Bühlertal im Haus des Gastes.

Hauptstraße 94, 77830 Bühlertal
www.naturparkschwarzwald.de

N3 NATURPARK SÜDSCHWARZWALD

Interessant das Haus der Natur im Naturpark Südschwarzwald auf dem Feldberg: Ein rollstuhlgerechter Holzsteg führt vom Haus durch den Feldberggarten; Schaubeete und Infotafeln machen mit typischen Pflanzen der Region vertraut.

Naturpark Südschwarzwald e.V.
Haus der Natur
Dr.-Pilet-Spur 4, 79868 Feldberg
www.naturpark-suedschwarzwald.de

L DER WALD IM NETZ

Ganz persönliche Wanderungen durch den Schwarzwald mit Blick auf Umwelt und Natur schildern zwei Naturliebhaber, Rainer und Claudia, in ihrem sehr informativen Wanderblog.
www.rainerundclaudia.de

Auf der Heilkräuterseite des Eva Marbach Verlags sind vielfältige Kräuter- und Pflanzenwanderungen unter „Report/Info" nachzulesen.
www.heilkraeuter.de

F1 SCHWARZWALD-GUIDES

Geführte Exkursionen im Mittleren Schwarzwald bieten d'Kinzigtäler Schwarzwald-Guides an. Sie erkunden das Wandergebiet und wissen viel zu erzählen über Geologie und Landschaft, Pflanzen und Tiere, Besiedlung und Geschichte sowie Anekdoten von schwarzwälder Originalen.
www.schwarzwald-guides.de

F2 SCHLUCHTENLABYRINTH

Das Labyrinth der Schluchten im Südschwarzwald durchstreift der Schluchtensteig. Auf 119 Kilometern Länge und in sechs spannenden Etappen geht es durch die Wutach, die Gauchach, die Haslach mit Höllloch- und Rechenfelsen, die Rötenbachklamm und die Engeschlucht. Wen es ans Wasser zieht, wer gerne durch abgrundtiefe Tobel steigt, durch dramatische Canyons wandert oder an tosenden Wasserfällen ruhen möchte, erfährt hier ein wahres Outdoor-Highlight. Eine geführte Wanderung der gesamten Strecke mit Übernachtungen und ohne Rucksackschleppen lässt sich online buchen.
www.schluchtensteig.de

F2 Lotenbachklamm

F2 Wasserfall in der Lotenbachklamm

F2 Engeschlucht

W1 WUTACHSCHLUCHT

Natürlich lassen sich diese Schluchten auch auf eigene Faust erkunden. Hier drei mittelschwere Wandervorschläge:

1. Von der Lotenbachklamm nach Lenzkirch: Wandern zwischen steilen, bemoosten Felswänden und tosenden Wasserfällen (siehe Karte).
2. Die Wutachschlucht erleben! Unvergessliche Stunden für alle Wanderer, Hobbygeologen und -botaniker.
3. Tour durch zwei Schluchten: Auf schmalen Wegen durch die Gutach- und Rötenbachschlucht in einer der schönsten Regionen des Schwarzwaldes.

Diese Routen und weitere werden im Netz ausführlich beschrieben. www.wutachschlucht.de

W2 DREI-SCHLUCHTEN-WANDERUNG

Eine recht anstrengende Drei-Schluchten-Wanderung beginnt im kleinen Ort Bachheim in der Nähe von Löffingen. Vom Wanderparkplatz außerhalb des Ortes steigt der Weg steil hinab in die Wutachschlucht. An senkrechten Felswänden entlang windet sich der Pfad bis zur Mündung der Gauchach in die Wutach. Durch die stille Gauchachschlucht geht es bis zur Burgmühle, die in der Ferienzeit eine Erfrischung bereit hält. 500 Meter weiter zweigt linker Hand die Engeschlucht ab. Wenn der Sommerregen den schmalen Stieg in eine Rutschbahn verwandelt hat, geht es nur auf allen Vieren weiter. Nach insgesamt 12 Kilometern ist Bachheim endlich wieder in Sicht.

www.gauchachschlucht.de

W1

W2

W2 Wutachschlucht

W3 KARSEEN

Noch ein gutes Dutzend der einst viel zahlreicheren Karseen haben sich im Schwarzwald bis heute erhalten. Nur zwei Kilometer sind es von den Parkplätzen an der B28 zum Aussichtspunkt auf den Ellbachsee; der Weg ist ausgeschildert. Für eine eindrucksvolle Sicht auf den See inmitten grüner Wälder sorgt eine große Aussichtsplattform. Wer zum tief unten liegenden Karsee hinabsteigen möchte, muss zwar nur einen Kilometer, aber auch 270 Höhenmeter überwinden.

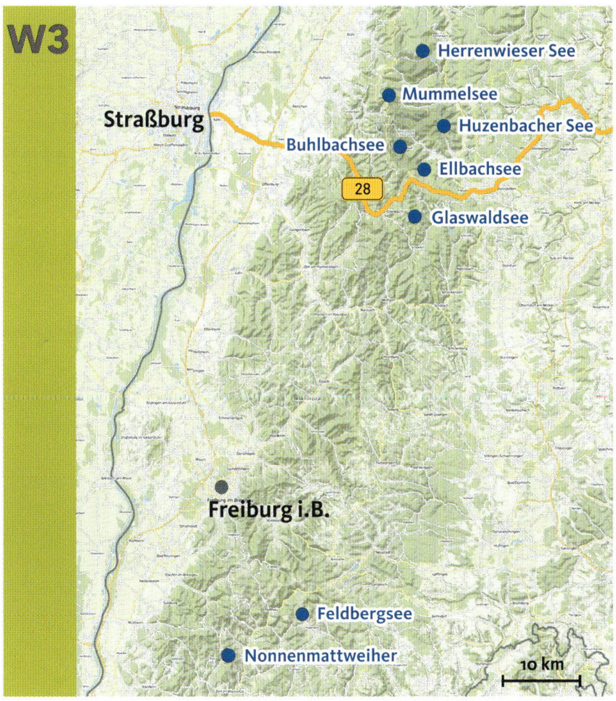

Nicht weit entfernt vom Ellbachsee liegt der stille Buhlbachsee, vom Naturparkhaus Ruhestein zu erreichen. Andere sehenswerte Karseen im Schwarzwald: der Feldbergsee, Glaswaldsee, Herrenwieser See, der Nonnenmattweiher mit schwimmender Insel, Huzenbacher See und natürlich der viel besuchte Mummelsee an der Schwarzwaldhochstraße.

www.schwarzwald-informationen.de

W4 HOHLOHMOOR UND WILDSEEMOOR

Moore dürfen grundsätzlich nur über Holzstege betreten werden; gut erschlossen sind für Naturfreunde das Hohlohmoor und das Wildseemoor bei Kaltenbronn im Nordschwarzwald, nach eigener Aussage das größ-

te naturbelassene Hochmoorgebiet Deutschlands. Die Stille der Natur lässt sich auf zwei Rundwanderwegen über die Moore erleben. Mehr dazu ist auf der Seite des Natur-Infozentrums Kaltenbronn zu erfahren.

Infozentrum Kaltenbronn
Kaltenbronn 600, 76593 Kaltenbronn
www.infozentrum-kaltenbronn.de

W5 HOCHMOOR HINTERZARTEN

Unberührt das Hochmoor bei Hinterzarten: Tafeln am Rundwanderweg über Bohlenstege zeigen die Besonderheiten von Flora und Fauna: das Torfmoos, der Rundblättrige Sonnentau, Rosmarinheide, Moosbeere, Fieberklee und das Sumpf-Blutauge. Auch der seltene Hochmoorgelbling, dessen Raupe liebend gern an den Knospen der Rauschbeere nagt, ist zu entdecken.

www.schwarzwald.region.org

W6 ORCHIDEENPFAD HÜFINGEN

Im Naturschutzgebiet Rauschachen-Deggenreuschen an der B31 zwischen Hüfingen und Döggingen blühen zwischen Mai und Juli zahlreiche geschützte Pflanzen: Rotes Waldvöglein, Korallenwurz, Widerbart, Frauenschuh und viele mehr. Ein 2,2 Kilometer langer, ausgeschilderter Rundweg führt zu den schönsten Fundorten.

Zufahrt: In Hüfingen zum Parkplatz des Römerbads, ab dort ist der Weg ausgeschildert. Die Stadtverwaltung Hüfingen bietet von Fachleuten geführte Exkursionen zu den Orchideen an. Anmeldung ist bei der Stadtverwaltung möglich.

Stadtverwaltung Hüfingen
Hauptstraße 16–18, 78183 Hüfingen,
Tel. 0771/600924

W3 Ellbachsee

W7 DAS LILIENTHAL

Einer Wärmeoase zwischen Schwarzwald und Vogesen gleicht das Lilienthal bei Ihringen im Kaiserstuhl – ein ideales Versuchsgelände für Pflanzenkulturen. Die 1960 gesetzten Mammutbäume erreichen inzwischen fast die Größe ihrer Brüder in Kalifornien. Auf den sonnigen Trockenwiesen blühen von Mai bis August 30 Orchideenarten.

www.kaiserstuhl.net

W8 IM AUGE DES VULKANS

Die Kuhschelle ist auf dem Badberg zu Hause. Schon früh im Jahr leuchtet ihr tiefes Violett. Sie bevorzugt Magerrasen, meist in sonniger Hanglage auf kalkreichem Boden und liebt hohe Temperaturen, all das findet sie im Kaiserstuhl. Der Badberg lässt sich am besten vom Parkplatz Schelinger Matte an der Kreisstraße von Bahlingen nach Schelingen ersteigen.

W9 HOHLWEGE

Nur wenige der jahrhundertealten Lösshohlwege im Kaiserstuhl haben die Rebumlegungen der 70er Jahre überstanden; in Ihringen zählte der BUND noch drei, in Bötzingen noch einen Hohlweg. Auch rund um Bickensohl, im Herzen des Kaiserstuhls, existieren noch eindrucksvolle Hohlwege. Ein Lösshohlwege-Pfad führt auf einem sieben Kilometer langen Rundkurs durch die verbliebenen „hohlen Gassen".

www.wanderwege.bickensohl.com

W4 Hohlohmoor

Eifel und Hohes Venn

BESENGINSTER

CYTISUS SCOPARIUS

Rau, kühl und feucht, das Klima der Eifel – atlantisch eben. Was für eine Freude, wenn schon im zeitigen Frühjahr Wiesen und Bachläufe im leuchtenden Gelb der wilden Narzissen zu ertrinken scheinen. Dann erblüht der Ginster – das Eifelgold – und übernimmt von Mai bis Juni die Herrschaft. Lehmige, auch sandige und steinige Böden genügen ihm, doch meist wird er nicht älter als zwölf Jahre – leider.

Obersee

NASS, KALT, RAU – SCHOTTISCHES KLIMA

Die weiten Hochflächen des Mittelgebirges Eifel werden durch die steilen Kerbtäler von Rur, Urft, Ahr, Brohl, Kyll und Our zerschnitten. Am nördlichen Rand liegt der sehenswerte Eifel-Nationalpark und nicht weit davon, an der Grenze zu Belgien, die Moorlandschaft des Hohen Venn. Nach Süden erhebt sich die Vulkaneifel, seit wenigen Jahrtausenden geologisch aktiv. Noch heute treten an vielen Stellen Gase im Laacher Maar aus. Die Maare, mehr oder weniger große Vulkanseen, die allmählich vermooren, sind eine augenfällige Hinterlassenschaft.

So wie der Engländer Schottland liebt, so liebt der Rheinländer seine Eifel, mag sie ihm noch so extremes Wetter bescheren. Nicht selten überziehen Wind und Regen die Höhenzüge im äußersten Westen Deutschlands. Die frische und klare Luft wirkt begünstigend auf die Natur. Auf jeden Fall nehmen die Städter an den Wochenenden, ob in Wanderstiefeln, auf dem Mountainbike oder im Paddelboot, Tuchfühlung zur vielfältigen Tier- und Pflanzenwelt in der sehr unterschiedlichen, doch immer reizvollen Landschaft auf.

Dreizähniges Knabenkraut
Neotinea tridentata

Gelbe Narzisse *Narcissus pseudonarcissus*

Die verschiedenen Lebensräume der Pflanzen und Tiere müssen sich den Umweltbedingungen anpassen. Neben klimatischen Faktoren – die Winter sind mäßig kalt, die Sommer oft feucht und kühl – spielt die Lage, beispielsweise ein Nord- oder Südhang, für die Vegetation eine entscheidende Rolle. Hinzu kommen Höhe, Relief und geologischer Untergrund, all dies wechselt in der Eifel sehr stark. So entscheidet sich, wo Narzissen und wo seltene Knabenkräuter gedeihen.

Buchenwald Kermeter

GOLD, BLAU, WEISS – FARBENSPIEL AUF GRÜNER FLUR

Leuchtendes Gelb spielt in der Eifel eine große Rolle. Nicht nur Tausende Narzissen, die im zeitigen Frühjahr die Bachtäler zum Strahlen bringen, auch der Ginster, der in den Monaten Mai bis August die freien Flächen belebt, ist hier König der Pflanzen – man nennt ihn Eifelgold.

Die Gelbe Narzisse hat in der Eifel ihr östlichstes Verbreitungsgebiet, denn sie braucht das atlantisch geprägte Klima. Auch wenn der Blütenreichtum uns so massenhaft erscheint, sind ihre Bestände außerhalb des Nationalparks durch landwirtschaftliche Nutzung oder durch Verbuschung stark bedroht. Bescheidenere Pflanzen zieren die Täler der Bäche und die Waldränder: Arnika, Bärwurz, Blausterne, Blutwurz, Wiesen-Glockenblumen, auch Kohldisteln und das genügsame Kleine Immergrün, nicht zu vergessen die Bienen-Ragwurz oder die Waldhyazinthe.

Das offene Grasland der Dreiborner Hochfläche im Nationalpark Eifel hat sich in den letzten Jahrhunderten nur wenig verändert. Bis zur Mitte des 20. Jahrhunderts wurden hier Ackerbau und Viehwirtschaft betrieben, dadurch blieb die Ebene waldfrei. Nach dem 2. Weltkrieg nutzen britische und belgische Soldaten die Fläche als Truppenübungsplatz. Das Zuwachsen der Hochebene durch Sträucher und Bäume konnte durch Beweidung verhindert werden, das ökologisch wertvolle Grünlandbiotop blieb so erhalten.

Waldhyazinthe *Platanthera*

Echte Arnika *Arnica montana*

Kohldistel *Cirsium oleraceum*

Bärwurz *Meum athamanticum*

Wiesen-Glockenblume *Campanula patula*

Zweiblättriger Blaustern *Scilla bifolia*

Bienen-Ragwurz *Ophrys apifera*

Blutwurz *Potentilla erecta*

Moor im Hohen Venn

HOHES VENN – HEIDE, MOOR UND BRUCHWALD

Geflecktes Knabenkraut *Dactylorhiza maculata*

Zum Erhalten des weitläufigen, einsamen Moorgebietes an der deutsch-belgischen Grenze mussten auf 2500 Hektar die Fichten weichen, um offene Biotope für einheimische Laubhölzer zu schaffen; Schwarzerlen, Moorbirken und Ohrweiden siedelten sich rasch an.

Dem Hochmoor, einem ganz natürlichen Wasserspeicher, entspringen ein halbes Dutzend Flüsse wie Rur, Olef, Warche, Schwalm oder Our. Typische Pflanzen sind die Moosbeere, Besen- und Glockenheide, Rundblättriger Sonnentau, Torfmoos, Seggen und Binsen in sattem Grün und das als gefährdet eingestufte Scheidige Wollgras. Der charakteristische, oft anzutreffende Siebenstern schmückt das Wappen des Hohen Venn.

Selten und streng geschützt ist die Moorlilie, auch Beinbrech genannt. Im Juni sind ihre leuchtend gelben Blüten im farbarmen Hochmoorgebiet des Hohen Venns nicht zu übersehen. Die eindrucksvollen Naturschönheiten des Hohen Venns, dieses kühlen, wolken-, regen- und schneereichen Gebietes, lassen sich

Torfmoos

besonders gut von den durch das Hochmoor angelegten Pfaden und Holzstegen aus entdecken. Zum Schutz der einmaligen Flora und Fauna ist der Zugang jedoch reglementiert. Bestimmte Zonen sind nur in Begleitung von anerkannten Naturführern zugänglich. Ein Fernglas erweitert die Sichtweite, gelegentlich sind so auch geschützte Tierarten wie das Birkhuhn oder die Wildkatze zu erspähen. Seit dem Jahr 2003 konnten die ersten Luchse und Biber wieder gesichtet werden, 2013 sogar die seltene Kreuzotter.

Eigentlich liegt die Eifel für das natürliche Vorkommen der Fichte nicht hoch genug. Trotzdem wurden nach dem 2.Weltkrieg schnellwachsende Fichten angepflanzt, die sich ausgebreitet haben. Das Atlantische Klima bietet ihnen beste Bedingungen, so gut, dass man heute versucht, sie durch Pflanzung von Laubbäumen zurückzudrängen. Auch der Buche gefällt es hier; ein dichter Hainsimsen-Buchenwald bedeckt die Bergrücken des Wilden Kermeter, ein ökologisches Herzstück des Nationalparks Eifel.

Glockenheide *Erica tetralix*

Siebenstern *Trientalis europaea*

ERBE DER VERGANGENHEIT – MAARE UND VULKANE

Hinkelsmaar

Sumpf-Blutauge *Potentilla palustris*

Etwa 75 Maare werden in der Eifel gezählt, nur acht davon sind mit Wasser gefüllt. Ein Maar entsteht, wenn Magma aus der Erdkruste aufsteigt und auf wasserführendes Gestein trifft. Explosionsartig verdampft das Wasser, Magma und Gestein werden hoch in die Luft geschleudert. Das instabile Randgestein des Explosionstrichters stürzt in den entstandenen Hohlraum. Füllt sich dieser mit Wasser, spricht man von Maaren, den Augen der Eifel. Entweder verlanden sie im Laufe der Zeit oder es bildet sich ein Moor.

Anders der Kratersee; er entsteht nach einem Vulkanausbruch, wenn das Magma die Erdoberfläche durchbricht, ohne auf wasserführendes Gestein zu stoßen. Erst nach dem Ende der vulkanischen Aktivität füllt sich der Krater mit erstarrter Lava und im Krater sammelt sich Regenwasser. Der kreisrunde Windsbornkratersee in der Nähe von Manderscheid, umgeben von einem 20 bis 30 Meter hohen rotbraunen Aschewall, gehört zur Reihe der vier Mosenberg-Vulkane.

Fieberklee *Menyanthes trifoliata*

Sumpf-Herzblatt *Parnassia palustris*

Das Hinkelsmaar, nicht größer als ein Dorfteich, wurde schon 1840 zwecks Torfabbau trocken gelegt. Inzwischen wieder zum Moor erwacht gedeiht in den nährstoffreicheren Abschnitten die sehr seltene Fadensegge mit ihren schmalen hängenden Blättern. Im Sommer beleben die gelben Blüten des Gilbweiderichs und die weißen flockigen Fruchtstände des Schmalblättrigen Wollgrases das Ufer. Die Wasserrinnen, die sogenannten Schlenken, besiedelt der Igelkolben, der an seinen stacheligen Früchten leicht zu erkennen ist. Vereinzelt blühen das Sumpf-Blutauge und der weiße oder rötliche Fieberklee. Häufiger sind beide Pflanzen in der Uferzone des nahen Windsbornkratersees zu bewundern.

Versumpfendes Maar

INFOS

Eifel und Hohes Venn

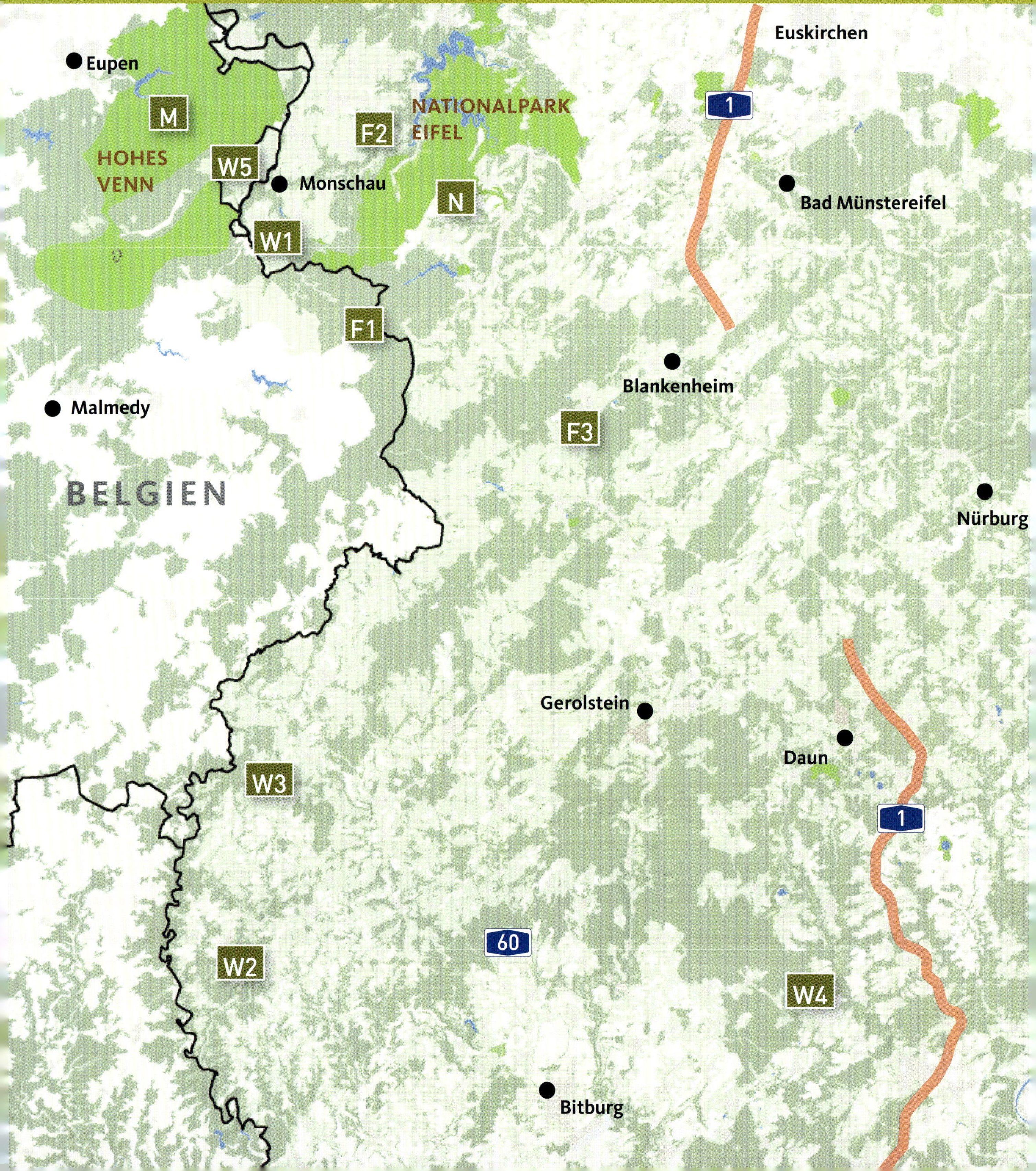

N NATURWELTEN

Im Mittelgebirge Eifel sind die unterschiedlichsten Landschaftsräume zu finden. Ein Teil der Nordeifel an Rur und Urft ist seit 2004 als Nationalpark Eifel ausgewiesen. Das Nationalpark-Zentrum liegt auf dem Gelände der ehemals nationalsozialistischen Ordensburg Vogelsang.

Auch die Umweltverbände engagieren sich: Der NABU Nordrhein-Westfalen setzt sich besonders für den Nationalpark Eifel ein. Auch der BUND unterstützt den Nationalpark, kritisiert aber eine Reihe von Fehlentwicklungen: So sei der Wegeplan im Nationalpark nicht akzeptabel, auch die Regulierung des Wildbestandes sei mit dem Nationalparkgedanken unvereinbar. Weitere Kritikpunkte sind die Ortsumgehung Dreiborn und die Errichtung von Kartbahnen, Campingplätzen, Reiterhöfen usw. am Nationalparkzentrum Vogelsang.

Nationalpark-Zentrum Eifel
www.nationalpark-eifel.de
Forum Vogelsang IP, Vogelsang 70, 53937 Schleiden
nrw.nabu.de
www.bund-nrw.de

N Weg über die Dreiborner Hochebene

N Mauereidechse an der Urfttalsperre

Nach Süden schließen sich vier Naturparks an: Rheinland, Hohes Venn-Eifel, Vulkaneifel und Südeifel, alles sehr unterschiedliche und höchst interessante Naturräume. Die Region zwischen dem Hohen Venn und der Vulkaneifel besticht durch eine große Vielfalt an Lebensräumen. Der NABU Kylleifel möchte Menschen dafür begeistern, sich durch gemeinschaftliches Handeln für die Natur einzusetzen.
www.nabu-kylleifel.de

Den Erhalt einer artenreichen Tier- und Pflanzenwelt, die Pflege von Orchideenstandorten und Streuobstwiesen, das Sanieren von Teichen, das Anbringen von Nistkästen für Fledermäuse, Schleiereulen, Steinkäuze und Dohlen hat sich der NABU Südeifel zur Aufgabe gemacht.
www.nabu-suedeifel.de

Die Kreisgruppe Vulkaneifel des BUND kämpft seit Jahren gegen den Ausbau der Eifel-Autobahn A1.
vulkaneifel.bund-rlp.de

W1 WILDE NARZISSEN

Wüstebach und Püngelbach, für die Eifel typische Kerbtäler, sind die Heimat der Gelben Narzissen. In ihren feuchten Talgründen, den Siefen, wird der

W1 Narzissenwiese im Wüstebachtal

Frühling im April von wild wachsenden Narzissen eingeläutet. Im deutschen Raum finden sie nur hier die idealen Lebensbedingungen, um als Wildpflanze bestehen zu können; das relativ milde Meeresklima mit reichlichen Niederschlägen und Nebeltagen, die lichten Talwiesen.

Das Perlenbachtal, am Rande des Nationalparks gelegen, verlockt mit seinen Narzissenwiesen zu einmaligen Osterspaziergängen. Kein Geheimtipp, aber ein überwältigender Eindruck, zu dem man auf verschiedenen Pfaden gelangen kann. Beispielsweise in Monschau-Alzen (an der B258) vom Wanderparkplatz Brüchelchen ins Fuhrtsbachtal hinab laufen, dem Verlauf des Fuhrtsbach nach rechts folgen bis zur Brücke Holländerhäuschen und links ins Perlenbachtal abbiegen, flussaufwärts den Perlebach entlang und am anderen Ufer zurück. Über das Gasthaus Perlbacher Mühle, auch Höfener Mühle genannt, direkt wieder ins Dorf Alzen oder auf der anderen Talseite des Fuhrtsbachtals zurück zum Parkplatz. Eine ausführliche Wegbeschreibung ist zu finden unter:

www.eifel-wanderungen.de

Perlbacher Mühle
Mühlenweg, 52156 Monschau – Kalterherberg,
Tel. 02472/2820 www.perlbacher-muehle.de

W2 HONIGWEIDE IRSENTAL

Die Eifel war einst für die Ginsterheide der typische Lebensraum, der durch die intensive Landwirtschaft immer weiter zurückgedrängt wurde. Außerhalb des Nationalparks befindet sich bei Daleiden, nahe der Grenze zu Luxemburg, eine der letzten großen Ginsterheiden. Im Naturschutzgebiet Irsental, dem Tal der tausend Schmetterlinge, tummeln sich in den warmen Monaten zahlreiche Tag- und Nachtfalter auf den duftenden Ginsterblüten. Hier können sie ausreichend Nektar saugen. Eine 18 Kilometer lange Rundwanderung wird auf einem Faltblatt des Naturparks Südeifel beschrieben (auch als Download erhältlich). Übrigens erhielt die Mannschaft des Naturparks Südeifel im Februar 2016 – gemeinsam mit den Naturspezis aus der Nordeifel – die Auszeichnung als Modellregion im Wettbewerb Tourismus für alle.

www.naturpark-suedeifel.de

W3 WANDERN DE LUXE

Der neue NaturWanderPark delux in der Südeifel verführt mit Wanderungen, Rad- und Mountainbiketouren in die interessantesten Gegenden an der deutsch-luxemburgischen Grenze. Ranger vermitteln ihre Kenntnisse zu Fauna und Flora, 23 Rundwanderwege führen durch vier Naturparks.

www.naturwanderpark.eu

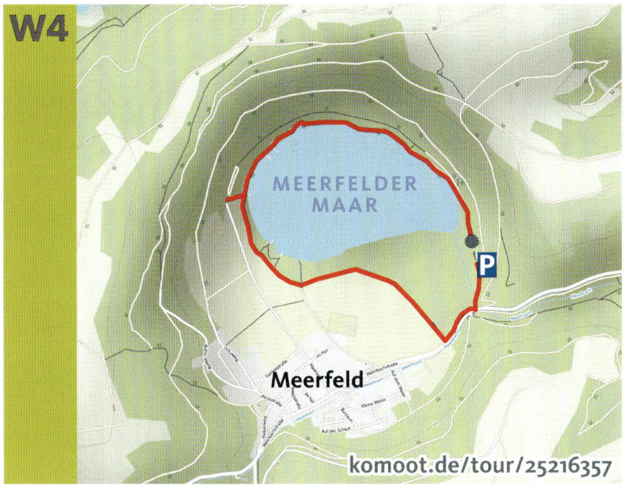

W4 VULKANOLOGIE

Einen guten Einstieg in die Erdgeschichte der Eifel eröffnet sich in der Nähe von Manderscheid. Das ziemlich große Meerfelder Maar hat seinen Namen vom gleichnamigen Ort erhalten. Auf einem Spazierweg lässt sich das Maar leicht umrunden.

Über Bettenfeld sind das Hinkelsmaar und der Windsborner Kratersee zu erreichen. Die Zufahrt zweigt von der Landstraße Bettenfeld-Manderscheid ab, schon vom Parkplatz ist das kleine Hinkelsmaar zu sehen. Zum Kratersee steigt ein Pfad steil bergan, doch schon bald blitzt das klare Wasser des Sees zwischen den Baumstämmen auf.

www.eifel-natur-reisen.de

W4 Windsborner Kratersee

W5 HOHES VENN

Exemplarisch für das Hohe Venn ist die Wanderung durch das Nahtsief, vom Parkplatz an der Straße von Mützenich nach Eupen L214/N67, und zwar hinter der Grenze, also schon auf belgischer Seite. Die etwa vier Kilometer lange Rundwanderung verläuft oft über Bohlenstege. Mit Abstechern zum Entenpfuhl oder zum Brackvenn kann die Runde ausgedehnt werden.

M HAUS TERNELL

Das Naturzentrum Haus Ternell der deutschsprachigen Gemeinschaft und das Umweltpädagogische Zentrum der Wallonischen Region in Eupen/Belgien bietet thematische Ausstellungen, Lehrpfade, einen Kräutergarten sowie viel Wissenswertes zu Natur und Umwelt. Weiterhin laden Cafeteria, eine Grüne Boutique und das Forstzoologische Museum die Besucher des Hohen Venn ein. Das Naturzentrum liegt in Belgien an der Straße N67 von Monschau nach Eupen.

Naturzentrum Ternell/CRIE Eupen
Ternell 2/3, B-4700 Eupen www.ternell.be

F1 GRENZENLOS

Quer durch den deutsch-belgischen Naturpark Hohes Venn-Eifel, der deutsche Teil wird auch Naturpark Nordeifel genannt, verläuft die deutsch-belgische Grenze. Auf der Internetseite werden dazugehörige Landschaften aufgezählt: Vennvorland, Hohes Venn, die Rureifel, Kalkeifel, Hocheifel und das Ourtal. Das macht neugierig.

Auf vielen geführten Wanderungen lässt sich die Neugier stillen. Um nur einige der angebotenen Wanderungen zu nennen:

- Frühling im Lamperstal
- Im Reich der Nebelfrau – Braghphenn, Rohrvenn, Schneifel

W5 Bohlensteg im Hohen Venn

F2 Dreiborner Hochfläche

- Am Moorepfad Dahlem
- Giftige Schönheiten, geheimnisvolle Wälder, bizarre Felsen – Wanderung in der Schönecker Schweiz
- Heckenwanderung www.naturpark-eifel.de

F2 AUF KRÄUTERSUCHE

Mit dem Wildnistrainer Hubertus Hilgers Wildkräuter kennenlernen und sammeln, danach waschen, in einen Teigmantel rollen und über dem offenen Feuer zubereiten – romantischer und gesünder geht es nicht. Informationen und Anmeldung im Café Kupp in Schleiden-Dreiborn.

Café Kupp 19
Oberstr. 19, 53937 Schleiden-Dreiborn,
Tel. 02485/9129744 www.kupp19.de

F3 EINGANG ZUR NATUR

Vera Schröder ist Pflanzentherapeutin und Kräuterpädagogin, auch die Anwendungen nach Kneipp sind ihr nicht fremd. Sie fragt sich: Wer bin ich? Wo stehe ich? Wo will ich hin? Bei ihr rückt das gesunde Gleichgewicht von Mensch und Natur in den Vordergrund. Im Einklang mit der Natur kann man durch die Jahreszeiten wandeln, sich z. B. wie Jäger und Sammler ernähren. Vera Schröder vermittelt Wissen über essbare Wildpflanzen, die Anwendung von Wildkräutern bei Krankheiten sowie das Fertigen von Körben und Gefäßen aus Naturmaterialien. Dabei verschwindet jeglicher Stress wie von selbst. Sehr empfehlenswert!

Wildnisschule Eifel-Scout
Wolferter Weg 50, 53940 Hellenthal,
Tel. 02448/9198107 www.eifel-scout.de

F4 IN DER WILDNIS

Mit den eigenen Händen, viel Geschicklichkeit und Ausdauer Glut erzeugen, am glühenden Feuer sitzen oder nach einem erfüllten Tag in der Wildnis in einer Laubhütte schlafen – das kann man beim Wildnistraining erleben. Dort gibt es Gelegenheit zur persönlichen Veränderung und zu Gelassenheit und innerer Stärke zu finden.

www.wildnistraining.de

L PFLANZENFÜHRER

Faszinierende Entdeckertouren auf Rundwanderwegen beschreibt der Führer Die Pflanzenwelt der Eifel von Hermann Bothe. Die hier beschriebenen 26 botanischen Wanderungen lassen sich dank der detaillierten Karten, zahlreicher Abbildungen und der angefügten Pflanzenporträts sehr gut nachvollziehen. In der Reihe Botanische Wanderungen sind zudem weitere Titel zu anderen Landschaften wie dem Harz oder dem Moseltal erschienen.

Hermann Bothe: Die Pflanzenwelt der Eifel,
Quelle & Meyer, 2014.

W3 Waldreiche Eifel

Kellerwald und Halloh

PFINGSTNELKE

DIANTHUS GRATIANOPOLITANUS

Von Mitte Mai bis Mitte Juni erfreut uns die Pfingstnelke mit ihrer leuchtenden Farbe auf grauem Gestein. Im Kellerwald hat sie ihr bedeutendstes Vorkommen in Hessen, der Schwerpunkt ihrer Verbreitung liegt eigentlich auf der Alb und im Jura. Ansonsten ist sie nur reliktartig verbreitet und fehlt an vielen günstigen Standorten. Auf Schutthalden und an Felswänden trotzt die empfindliche Pflanze den Widrigkeiten ihrer kargen Standorte. Tagfalter lassen sich vom Duft und der reizvollen Farbe der Blüten verführen. Wie alle Nelkenarten ist auch diese seltene Pfingstnelke geschützt.

Am Daudenberg

EIN MÄRCHENHAFTER BUCHENWALD

Hohe Schlüsselblume *Primula elatior*

Die nordhessischen Wälder bilden die Kulisse für die Märchenwelt der Gebrüder Grimm. Hier ereigneten sich die Geschichten von den Sieben Zwergen, vom Rotkäppchen und Dornröschen. Eine dieser eindrucksvollen Waldlandschaften hat sich bis heute erhalten, der Kellerwald.

Früher rauchten hier Kohlemeiler, die Holzkohle zur Verarbeitung von Kupfer und Eisen lieferten. So entstand der Name »Köhlerwald«, mundartlich »Köllerwald« oder eben Kellerwald.

Das Gebiet war aber auch das Jagdrevier der Waldecker Fürsten, deshalb seit dem 19. Jahrhundert bis heute von einem Gatter umgeben. Wegen der felsigen und steilen Berghänge konnten die Wälder seit mehreren Jahrzehnten wirtschaftlich nicht mehr genutzt werden. Für den Wald ein Glücksfall, konnte sich doch so ein urwaldähnlicher Rotbuchenwald entwickeln, den es in dieser Größe und Vielfalt kaum ein zweites Mal in Deutschland gibt. Tief eingeschnittene Täler, ausgedehnte Mischwälder auf den Bergkuppen, blumenreiche Wiesentäler mit quirligen Bachläufen verleihen dem Kellerwald seinen ganz eigenen Charakter. Und im Frühjahr erstrahlt er in der ganzen Pracht seiner Frühblüher wie der Hohen Schlüsselblume und vieler anderer.

Buchenkeimling

Der Kellerwald zählt zu den letzten großen unzerschnittenen Laubwaldgebieten Mitteleuropas. Bäume wachsen zu wahren Riesen heran, sie erreichen ihr natürliches Alter und werden mehrere Hundert Jahre alt. Die uns so vertraute Rotbuche gedeiht weltweit nur in Mitteleuropa und Deutschland liegt im Zentrum ihres Verbreitungsgebietes. Buchonia, Land der Buchen, wurden die waldreichen Gebiete Nordhessens einst genannt.

Fahrentriesch

KIEFERNNADELN GEGEN PFINGSTNELKE

Wiesen-Flockenblume *Centaurea jacea*

So abwechslungsreich wie die Landschaft sind auch die Pflanzen: Auf Bergkuppen wachsen Arnika und Heidenelke, unter Eichen und Buchen Türkenbundlilien, in den Tälern das Breitblättrige und das Stattliche Knabenkraut, der giftige Blaue Eisenhut in den Bachgründen, eine regionale Besonderheit. Häufiger zu finden sind Wiesen-Flockenblumen, Tausendgüldenkraut, Augentrost, Leberblümchen, Veilchen oder das winzige Hungerblümchen. Vom Grau der Tonschiefer- und Diabasfelshänge heben sich die zartrosa Blüten der Pfingstnelke ab. Hier, am Nordrand ihres mitteleuropäischen Verbreitungsgebietes, ist sie nur noch selten zu finden. Die Pfingstnelke steht auf der Roten Liste Hessens. Luftverschmutzung sowie Trittbelastung gefährden ihr Dasein, und – man glaubt es kaum – Kiefernnadeln:

„Der Nationalpark Kellerwald-Edersee trägt eine große Verantwortung für diese Art. Um sie vor den herab fallenden Nadeln der Kiefer zu schützen, wurden diese im Januar 2011 in einem Helikoptereinsatz von den Steilhängen entfernt. Das Motto *Natur Natur sein lassen* des Nationalparks wurde in diesem Fall dem Naturschutzgedanken untergeordnet."

Diese bemerkenswerte Nachricht ist nachzulesen auf der Webseite des Nationalparks Kellerwald-Edersee.

Wald-Sauerklee *Oxalis acetosella*

Leberblümchen *Hepatica nobilis*

Wechselblättriges Milzkraut *Chrysosplenium alternifolium*

Gemeiner Augentrost *Euphrasia rostkoviana*

Echtes Tausendgüldenkraut *Centaurium erythraea*

März-Veilchen *Viola odorata*

Hungerblümchen *Draba verna*

Hutewald Halloh

SEHR SELTEN, SCHÖN UND GIFTIG

Blauer Eisenhut *Aconitum napellus*

Der Blaue Eisenhut zählt zu den giftigsten Pflanzen dieser Erde. Wenige Gramm sollen für einen Menschen tödlich sein. Schon die Berührung kann zu Nesselausschlag führen. Er wächst in den Tälern der Gebirge, im Kellerwald ist sein Vorkommen eine Ausnahmeerscheinung; zu finden nur in der Ederschleife bei Battenberg und im Bernertsgrund bei Löhlbach.

Ein Mischung aus Bergwiese und Alm im Kellerwald bildet das Fahrentriesch. Anfang des 14. Jahrhunderts rodeten hier die Bauern und versuchten, dem Waldboden Getreide und Grünfutter abzuringen. Schon nach wenigen Jahren gab man das Vorhaben wieder auf, da die Erträge dürftig und die Abgaben an den Fürsten zu hoch waren. Die Äcker verwilderten und die Natur überwucherte die Siedlungsreste. Da das Fahrentriesch weiterhin als Weideland genutzt wurde, konnte der Wald dieses Gebiet nicht zurück erobern. Es entstand eine ausgedehnte Gras- und Heidefläche mit seltenen Pflanzen wie die Arnika. Sie war einst im Kellerwald sehr verbreitet, ist aber heute auf wenige Einzelvorkommen beschränkt, ebenso wie Wald-Läusekraut und Borstgras. Mächtige Hutebuchen am Heiderand und dunkelgrüne

Banfetal

Einzelfichten, bis an den Wiesenboden beastet, verleihen dem Fahrentriesch ein sehr eigenes, fast nordisches Gepräge.

Ebenfalls von menschlichem Tun geprägt sind die Hutewälder. Sie wurden für das weidende Vieh – meist waren es Schweine – angelegt, da die lichten, hochproduktiven Eichen- und Buchenbestände reichlich Eicheln und Bucheckern lieferten und damit wertvolles Fett- und Eiweißfutter für die Viehmast im Herbst. Einer der schönsten und größten Buchen-Hutewälder des Kellerwaldes ist der Halloh bei Albertshausen. Mächtige, skurril geformte Gestalten stehen in Gruppen beisammen, geheimnisvoll und bedächtig die riesigen Häupter im sanften Abendwind wiegend.

Interessant wird die Flora im Edersee, wenn er trocken fällt. Viele Pflanzen, deren Wurzeln monatelang unter Wasser ausharren, bekommen dann ihre Chance. Aus den Trockenrissen des Seebodens sprießen Gilb- und Blutweiderich, Ampfer-Knöterich, Gänse-Fingerkraut und das Sumpf-Ruhrkraut, verwandt mit dem Edelweiß. Zartblau blühen die Stauden des Feinstrahls, einer Asternart. Die Blütenfülle lockt 850 verschiedene Insektenarten an, darunter Libellen und Schmetterlinge.

Wiesen-Storchschnabel *Geranium pratense*

Wald-Läusekraut *Pedicularis sylvatica*

LEXIKON DER BAUMBESIEDLUNG

Kiefern am Bloßenberg

Knäuel-Glockenblume *Campanula glomerata*

Rund um den Daudenberg, südlich des Edersees, haben sich unterschiedlichste Waldtypen entwickelt; das Gebiet gleicht einem natürlichen Lexikon der Baumbesiedlung. Die Waldgesellschaften sind abhängig vom Gestein, Wasserhaushalt und dem Einfall des Sonnenlichts. Auf dem Gipfel des Daudenbergs ist der Boden üppiger als am übrigen Berg; er trägt einen Edellaubholzwald mit Esche, Linde, Ulme und Eiche. Auch Schlüsselblumen und Lerchensporn weisen auf günstige Standortbedingungen hin. In solchen Wäldern sind der geschützte Türkenbund und die Nesselblättrige Glockenblume zu Hause. An trockenen Stellen wächst die seltenere Knäuel-Glockenblume, bei Bad Wildungen sind die Goldhaar-Aster und der gefährdete Steife Lauch zu entdecken.

Seit 1989 schweigt die Motorsäge im Ruhlauber, einem zusammenhängenden Hallenwald. Schnell hat sich unter den mächtigen Kronen der 180 bis 200 Jahre alten Buchen eine bis zu sechs Meter hohe zweite Baumschicht entwickelt. Erstaunlich wie rasch sich Unterholz und Totholz im

Türkenbund *Lilium martagon*

Gewöhnlicher Reiherschnabel *Erodium cicutarium*

freien Nutzwald wandeln, wenn er sich selbst überlassen bleibt. Buchen können ein Alter von 250 bis 350 Jahren erreichen. Die stehenden oder umgestürzten Stämme der toten Bäume sind einer der wichtigsten Lebensräume des Naturwaldes. Urtümliche Waldbilder entstehen, man fühlt sich in einen Märchenwald versetzt.

Am Hagenstein, der »Loreley des Edertals«, zeigen die Buchen aufgrund der Trockenheit des sonnenverwöhnten Steilhanges verkrüppelte, buschartige Wuchsformen. Die wechseltrockenen Hangmulden überzieht ein Teppich aus Perlgras, darüber breiten Eichen und Hainbuchen ihre Kronen aus. An sonnigen Flecken blühen der seltene Großblütige Fingerhut und die grazile Graslilie. Die Tonschieferfelsen am Oberhang sind von Kleinfarnen, Felsenmispelgebüsch, Schwalbenwurz und verschiedenen wilden Rosenarten bewachsen.

Echte Sternmiere *Stellaria holostea* unter jungem Buchenwald

INFOS
Kellerwald und Halloh

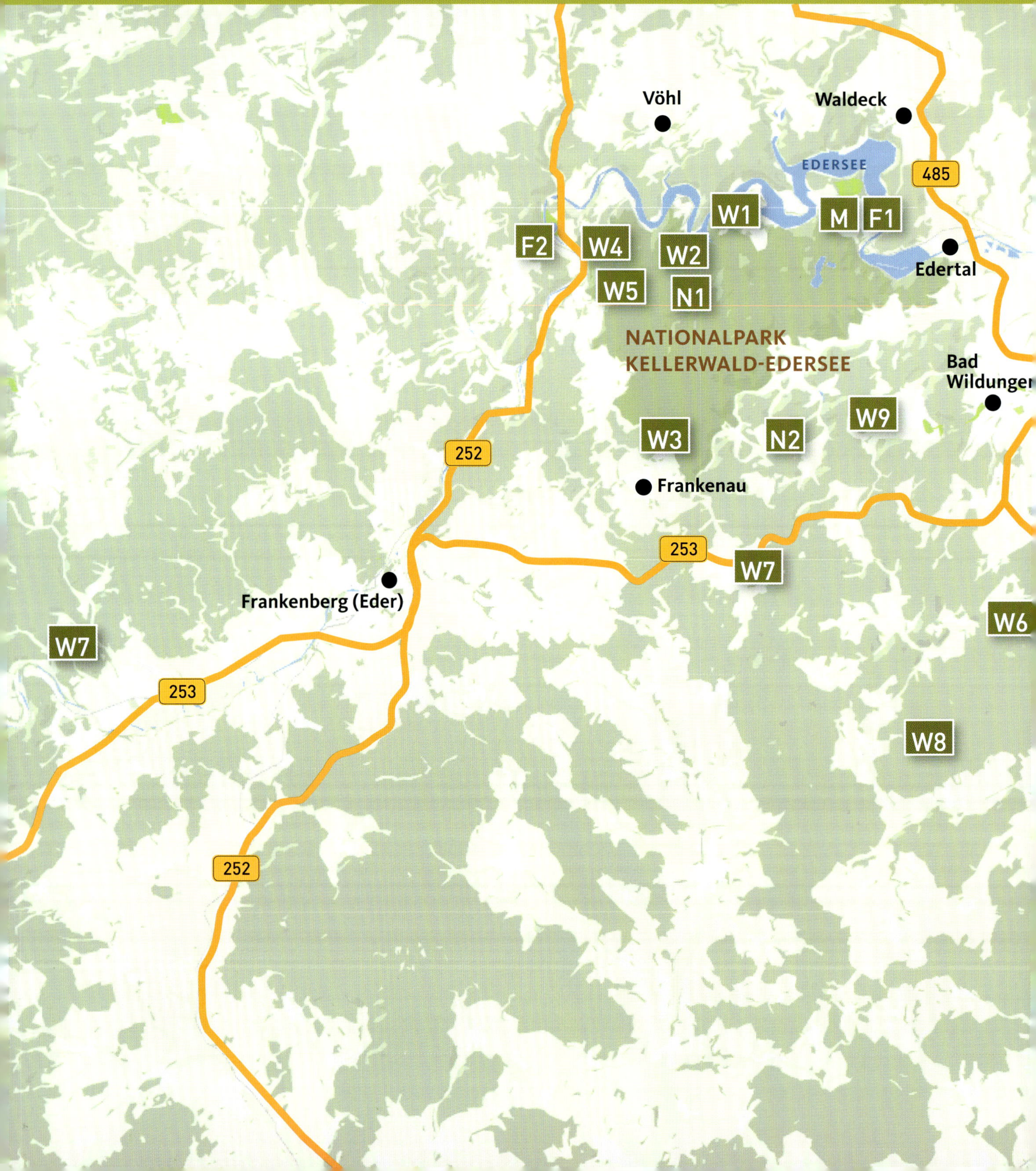

N1 Rodungsinsel Quernst

N2 Die Eder

N1 NATIONALPARK KELLERWALD-EDERSEE

Ein Teil des Kellerwalds, die Region südlich des Edersees, gilt seit 2004 als Nationalpark, seit 2011 auch als UNESCO-Naturerbe. Das Nationalparkzentrum liegt zwischen Herzhausen und Kirchlotheim. Es wendet sich an die Besucher der Region und bietet ein weit gefächertes Angebot aus Information, Ausstellungen und Unterhaltung: „Mit einer Mischung aus fantasievollen Inszenierungen und High Tech werden im NationalparkZentrum außergewöhnliche Einblicke in die Wildnis des Kellerwaldes möglich, die uns Menschen sonst verborgen bleiben", heißt es in einer Selbstdarstellung.

NationalparkZentrum Kellerwald
Weg zur Wildnis 1, 34516 Vöhl-Herzhausen
www.NationalparkZentrum-Kellerwald.de

Das gemeinsame Veranstaltungsprogramm des Nationalparks Kellerwald-Edersee und des Naturparks Kellerwald umfasst auch botanische Wanderungen und Exkursionen. Es kann als PDF von der Webseite der National- bzw. Naturparks heruntergeladen werden.
www.nationalpark-kellerwald-edersee.de

N2 NATURPARK KELLERWALD-EDERSEE

Der Naturpark Kellerwald-Edersee liegt im waldreichen Nordhessen und umschließt den gleichnamigen Nationalpark. Ziel des Naturparks ist, die Region zu einer Vorbildlandschaft zu entwickeln, sowohl in Hinsicht auf die Umwelt als auch in wirtschaftlichen Belangen.

Zweckverband Naturpark Kellerwald-Edersee
Laustraße 8, 34537 Bad Wildungen
www.naturpark-kellerwald-edersee.de

M BUCHENHAUS

Das Informationszentrum BuchenHaus gehört zum Wildpark Edersee, einer Einrichtung des Nationalparks Kellerwald. Zu seinen Aufgaben zählt die „Vermittlung freier dynamischer Naturprozesse". Eine WildnisSchule verknüpft das Erleben zwischen WildtierPark, Ausstellung und Nationalpark.

BuchenHaus
Am Bericher Holz, 34549 Edertal-Hemfurth
www.BuchenHaus.eu

F1 TREETOPWALK

Zu den touristischen Hauptattraktionen zählt der Baumkronenweg unmittelbar am Südufer des Edersees. Seine Architektur fügt sich harmonisch in den Wald ein und bringt so dem Besucher das Ökosystem Wald in seiner ganzen Vielfalt nahe. Dieser TreeTopWalk, wie er ganz modisch genannt wird, soll ein naturnahes Freizeiterlebnis bieten und sogar die Aufforstung der Wälder fördern. Empfehlenswert sind die Führungen.

Baumkronenweg Edersee
Brühlfeld 3, 34549 Edertal-Hemfurth
www.baumkronenweg.de

F2 FÜHRUNGEN ZUR LIEBLICHEN PFINGSTNELKE

An den steilen Hängen des Edersees und seiner Seitentäler, auf dünn bewachsenen Felsrasen blüht die Pfingstnelke. Geführte Wanderungen zur Pfingstnelke bietet der Nationalpark im Mai und Juni an.

www.nationalpark-kellerwald-edersee.de

W1 WANDERUNG ZUR LIEBLICHEN PFINGSTNELKE

Wer sich selbst auf die Suche machen möchte, sollte einem Wandertipp des NABU folgen. Vom nördlichen Ortsende Bringhausens führt er auf der Uferstraße des Edersees nach Westen. Auf den südlichen Uferhänge erstrecken sich Schutthalden und Felsenfluren, hier blüht unter Krüppeleichen die Pfingstnelke und bildet Horste. Der Weg biegt dann südwärts ab ins Banfebachtal über das ehemalige Fischerhaus Banfe bis zu einer Wegkreuzung, der links auf einem Fahrweg zurück nach Bringhausen führt.

W2 URWALDSTEIG

Der Urwaldsteig führt auf verschlungenen Pfaden über Stock und Stein durch den letzten, recht wild wirkenden Urwald rund um den Edersee. Mit etwa 70 Kilometer Länge lädt er zur einer mehrtägigen Wanderung ein. Auch kurze Etappen sind möglich. Eine ausführliche Broschüre mit 17 Karten ist im Buchhandel oder in den regionalen Informationsbüros erhältlich. Zahlreiche weitere Wanderrouten gibt es als GPS-Daten in den gängigen Formaten auf der Webseite.

www.urwaldsteig-edersee.de

W3 Burg Waldeck am Edersee

W3 KELLERWALDSTEIG

Wesentlich länger unterwegs ist man auf dem 156 Kilometer langen Kellerwaldsteig, der die schönsten und interessantesten Landschaften der Region durchstreift. Ausführliche Informationen zu den 8 Etappen sowie zu Geschichte und Kultur des Kellerwaldsteigs gibt es auf der Webseite.

www.naturpark-kellerwald-edersee.de

W4 HAGENSTEIN-ROUTE

Sowohl über den Urwaldsteig als auch über den Kellerwaldsteig erreicht man den Hagenstein, die »Loreley des Edertals«. Die Hagenstein-Route beginnt am NationalparkZentrum oder an der Grillhütte in Kirchlotheim und führt direkt zu den eigentümlichen Blockhalden mit ihren seltenen, den kargen Bedingungen angepassten Pflanzen. Die naturkundlich interes-

W5 Der Fahrentriesch

santen Stellen sind durch Nummernpfosten markiert; eine Begleitbroschüre, auch als PDF auf der Webseite des Nationalparks erhältlich, liefert die Erläuterungen. Ausgangspunkt: NationalparkZentrum Kellerwald, Länge: 5,7 km oder Ausgangspunkt: Grillhütte Kirchlotheim, Länge: 4,4 km.

www.nationalpark-kellerwald-edersee.de

W5 FAHRENTRIESCH

Das Fahrentriesch, die einzigartige Heide- und Grasfläche mitten im Kellerwald, ist am besten über Altenlotheim (2 km Wanderstrecke ab Parkplatz Nationalpark-Eingang „Koppe") oder von Schmittlotheim (mit Waldökologischem Lehrpfad ca. 5 km) zu erreichen.

W6 AUF DEN SPUREN DES WASSERS

Den Spuren des Wassers folgt der Wanderweg Wildromantisches Urfftal. Vom Wanderparkplatz in Oberurff, über die B3 gut zu erreichen, geht es los. Der mit einer Märzenbecherblüte markierte Rundweg durchstreift die naturnahen Wälder des Orthberges, vorbei an der mit Flechten, Moosen und Kleinfarnen bewachsenen Wanderklippe und zurück entlang der wilden Urff. Tief hat sich das Flüsschen in das Dach des Hohen Kellers eingeschnitten und in der nassen Talsohle einen Auwald entstehen lassen. Am Bachufer blüht die Weiße Pestwurz. Länge: 10 km; Dauer: ca. 3 Stunden.

www.naturpark-kellerwald-edersee.de

W7 GANZ SCHÖN GIFTIG

Wer den hochgiftigen Eisenhut sehen möchte, sollte ins Naturschutzgebiet Ederknie nördlich von Battenberg fahren, am besten mit dem Fahrrad auf dem Ederauenradweg. An der Ederschleife zwischen Battenfeld und Dodenau öffnet sich die geschützte Flussaue, die von der Radbrücke aus gut zu erreichen ist. Das Naturschutzgebiet ist auch von der Straßenbrücke unterhalb der Siedlung Kröge in Richtung Battenberg zugänglich.

Flutender Hahnenfuß besiedelt die schnell fließenden Abschnitte der Eder. In den ruhigeren Bereichen wachsen verschiedene Laichkrautarten, im Betriebsgraben des Auhammers sogar das bedrohte Alpen-Laichkraut. Neben dem Blauen Eisenhut, der hier größere Bestände bildet, gibt es weiter botanische Raritäten zu entdecken: Die Gelbe Wiesenraute hat im oberen Edertal eines ihrer letzten Vorkommen in Nordhessen, auch die Schwarze Johannisbeere gilt als lokal stark gefährdet. Der Blaue Eisenhut wächst auch im NSG Bernertsgrund bei Löhlbach.

W8 HÖHEPUNKTE

Der höchste Berg des Kellerwalds, der Wüstegarten, erhebt sich im südlichen Teil des Naturparks, Hoher Keller genannt. Auf 675 Metern Höhe steht der 2003 neu errichtete, 28 Meter hohe Aussichtsturm.

Von hier schweift der Blick weit über die umliegende Wald- und Kulturlandschaft, bei gutem Wetter sogar bis nach Thüringen und ins Sauerland. Im Bereich des Gipfelgrates liegen Felsformationen wie der Exheimer Stein und die Mausefalle sowie ausgedehnte Quarzit-Blockhalden. Etwas tiefer nordöstlich breitet sich ein Wald-Hangmoor aus. Den Hohen Kellerwald mit dem Wüstegarten durchwandert man am besten vom Densberg aus.

W9 HALLOH

Im Hutebuchenwald Halloh, südwestlich von Albertshausen nahe Bad Wildungen, fanden einst Viehherden unter dem dichten Kronendach der Bäume wertvolle Nahrung in Form von Eicheln und Bucheckern. Der Wald konnte sich durch die Beweidung nicht verjüngen, der Verbiss junger Eichen und Buchen ließ jedoch romantische Wuchsformen entstehen. Westlich von Albertshausen gelegen, auf einer Hügelkuppe in der Feldflur, ist der Halloh zu jeder Jahreszeit einen Besuch wert.

W9 Hutewald Halloh

Hainich, Werra und Unstrut

ZWIEBELTRAGENDE ZAHNWURZ

CARDAMINE BULBIFERA

Im frühen Sommer gibt es für die Zwiebeltragende Zahnwurz noch immer ausreichend Licht unter dem Laubdach der Buchen. Hier findet sie den von ihr bevorzugten nährstoffreichen, lockeren Boden. Für ihre Vermehrung nutzt die Zahnwurz unterirdische Wurzeln, außerdem bilden sich in ihren Blattachseln kleine, etwa drei bis sieben Millimeter große kugelige, braunviolette Brutknospen, die Zwiebelchen. Drei oder vier Jahre nach dem Abfallen von der Mutterpflanze entwickeln sich aus diesen Zwiebelchen aufrechte Sprossen. Freundliche Ameisen bemühen sich gerne um ihre Verbreitung.

Die Betteleiche

DIE BUCHE – MUTTER DER WÄLDER

Schuppenwurz *Lathraea squamaria*

Vom östlichen Waldrand des Hainich schweift der Blick über das weite Thüringer Becken - das grüne Herz Deutschlands. Heute jedoch eher das gelbe Herz, denn Raps, Raps, Raps, so weit das Auge reicht. Schier endlos reihen sich Felder aneinander bis zum Horizont, kein Weg, kaum noch ein Baum oder Strauch - das neue Gesicht der industriellen Landwirtschaft. Aus der Traum von Natur. Fuchs, Reh und Hase sind ungeliebte Gäste, keine Lerche hoch im Blau. Die bedrohten Ackerwildkräuter Kornrade und Sommer-Adonisröschen sind nur vereinzelt am Wegesrand zu entdecken.

Unser Reservat des guten Gewissens ist der Hainichwald – Weltnaturerbe mit Naturpark, Nationalpark und Baumkronenpfad – und der größte zusammenhängende Buchenwald in Deutschland!

Die Buche (genauer: die Rotbuche) kann 500 Jahre alt werden und wird als die Mutter der Wälder bezeichnet. Mitteleuropa war um das Jahr 1000 v. Chr. überwiegend von Buchen bewaldet. Der bis hoch hinauf astlose, große Baum mit seinem geraden Stamm, glatt und silbergrau, wurde 1990 *Baum des Jahres.* Im Alter von 300 Jahren erreicht der Stamm einen Durchmesser von eineinhalb Metern und eine Wuchshöhe von 45 Metern. Bei jungen Bäumen ist die Krone schlank und breitet sich später kuppelförmig aus. Auch andere Baumarten sind im Hainich verstreut zu finden: Stiel-

Gewöhnliche Haselwurz *Asarum europaeum*

und Traubeneichen, vereinzelt die Fichte und, wo der Wald in offenes Gelände übergeht, Laubbaumarten wie Bergahorn oder Esche und Vogelbeerbaum. Darunter verstecken sich neben den bekannten Frühblühern Seltenheiten wie die Schuppenwurz oder die Gewöhnliche Haselwurz. Diesen noch erhaltenen, widerstandsfähigen Baumbestand, der sich der Klimaveränderung bis heute anzupassen vermag, gilt es im Nationalpark zu schützen.

Lebendiger Buchenwald

DAS GEHEIMNIS DER FRÜHBLÜHER

In den ersten Frühlingstagen strahlt unter dem lichten Dach der Buchen das Weiß der Märzenbecher, ausufernd und betörend. Nicht lange und Knoblauchduft durchströmt den Wald; Bärlauch sprießt teppichgleich zwischen schlanken, grauen Baumstämmen. Die Frühblüher müssen sich dem Lebensrhythmus der Buchen anpassen. Sie legen in Zwiebeln, Wurzelknollen oder Erdsprossen Vorräte an, um genügend Kraft für ihr zeitiges Wachstum zu haben. Die oberirdischen Pflanzenteile dieser mehrjährigen Blumen sterben ab, die kalte Jahreszeit überdauern sie unter der Erdoberfläche.

Die folgende Frühlingszeit ist kurz, nun blüht es ohne Unterlass. Danach verhindert das Blätterdach der dicht belaubten Baumkronen einen ausreichenden Lichteinfall. Auf dem nährstoff- und basenreichen Muschelkalk-Waldboden des Hainich entfalten Seidelbast, Buschwindröschen, Aronstab, Leberblümchen, Hohe Schlüsselblume, Lerchensporn, Echtes Lungenkraut, Frühlings-Platterbse und Vielblütige Weißwurz ihre Pracht. Bald darauf belebt ein zarter grüner Schleier die Wipfel der Bäume und langsam ziehen sich die Frühlingsblüher wieder zurück.

Weiße Pestwurz *Petasites albus*

Frühling im Buchenwald

Gelbes Windröschen *Anemone ranunculoides*

Märzenbecher *Leucojum vernum*

Bärlauch *Allium ursinum*

Hohler Lerchensporn *Corydalis cava*

Echter Seidelbast *Daphne mezereum*

Buschwindröschen *Anemone nemorosa*

Wacholderheide

DIE FARBEN IM SOMMER UND HERBST

Dornige Hauhechel *Ononis spinosa*

An seiner westlichen Waldgrenze geht der Hainich-Höhenzug in sanfte Wiesentäler über. Wo man die Wiese Wiese sein lässt und sie beweidet, sind im Frühsommer reichlich Orchideen zu finden: Am Südwesthang des Harsbergs, ebenso auf den kalkigen Klippen der steil abfallenden Felshänge über dem Werratal, wachsen etwa 16 verschiedene Orchideenarten, darunter das Blasse und das Stattliche Knabenkraut sowie die sehr seltene Kleine Spinnen-Ragwurz.

Der Buchenwald trägt im Sommer ein dichtes, grünes Laubdach. Da, wo alte Bäume stürzten und ein Lichtfeld sich öffnete, haben Bucheckern gute Chancen zu treiben. Recht schnell begrünt der Nachwuchs den Waldboden. Die Buche bildet in mehrjährigen Abständen überzählige Früchte, zur Freude der Eichelhäher und Buchfinken. Sogar Bergfinken werden angelockt. Nun wachsen im Hünenteich, dem einzigen Gewässer des Waldes, Froschlöffel, Sumpf-Schachtelhalm und Sumpf-Schwertlilien. Auf den wenigen Freiflächen im und um den Hainich sprießen Sommerblumen; bevorzugt auf den verlassenen Armeegeländen bei Kammerforst und im Süden des Waldes

Hünenteich mit Sumpf-Schachtelhalm und Iris

bis hinab zum Nachtigallenlehrpfad am Kindl. Hier sonnen sich Johanniskraut, Wegwarte, Tausendgüldenkraut, Augentrost, Odermennig, mehrere Kleearten, Esparsette, Akelei, verschiedene Glockenblumen und Orchideen wie das Weiße Waldvöglein, Purpur-Knabenkraut und die Waldhyazinthe.

Inzwischen leuchtet das Laub der Buchen gelb, später rot, das hohe Wiesengras liegt trocken nieder; gelegentlich setzen Wiesen-Flockenblumen, Hauhechel, Schafgarbe und Fransen-Enziane noch Farbtupfer.

Sehr trocken und von Licht überflutet ist die Wacholderheide am südöstlichen Rand des Nationalparks. Hier treffen sich nicht nur Wacholderdrosseln, sondern überraschen auch das Große Windröschen, mehrere Orchideenarten wie die Fliegen-Ragwurz und die Braunrote Stendelwurz, später im Jahr dann Thymian, Kreuzblümchen, Kleiner Klappertopf, Kriechgünsel, Vierblättrige Einbeere und der Wiesensalbei.

Großes Windröschen *Anemone sylvestris*

Doldiger Milchstern *Ornithogalum umbellatum*

KLEINES NATURWUNDER – DAS UNSTRUTTAL

Das Unstruttal bei Nägelstedt

Frühlings-Adonisröschen *Adonis vernalis*

Etwa zwanzig Kilometer östlich vom Hainich hat sich zwischen Großvargula und Nägelstedt bei Bad Langensalza das Flüsschen Unstrut tief in die oberen Muschelkalkschichten eingeschnitten – ein kleines Landschaftswunder auf nur sechs Kilometern Länge. In Schleifen windet sich die Unstrut, stellenweise fließen die fischreichen Wasser mal ruhig, mal schnell dahin, und verändern beständig die Ufer. Aus den Wiesen im Talgrund treten Quellen hervor, bilden Tümpel und Quellfluren mit den typischen Gräsern. Aufgelassene Kalksteinbrüche, alte Lehmgruben, an den Talhängen sind noch die Abgrenzungen früherer Weinberge zu erkennen. Halbtrockenrasen wechseln mit Frischwiesen und alten Obstwiesen, wundersame Kopfweiden, von Strauchwerk besetzte Gebiete gehen über in einen Erlenbruchwald und einen Auwald mit hoch aufragenden Pappeln.

Bienen-Ragwurz *Ophrys apifera*

Dänischer Tragant *Astragalus danicus*

Wen wundert es, dass hier Glattnatter und Zauneidechsen, die Blauschwarze Hornbiene, die Ameisengrille, die Gebänderte Prachtlibelle, der Neuntöter, der Wendehals und natürlich der Eisvogel zu Hause sind. Die Kalkmagerrasen beherbergen die heimischen Arten Helm-Knabenkraut, Bienen- und Fliegen-Ragwurz und das Dreizähnige Knabenkraut. Die steilen, nach Süden abfallenden Talhänge zieren im Frühling zahllose Frühlings-Adonisröschen – ihr wohl schönstes Vorkommen in Thüringen. Später erfreuen die Große Graslilie, Fransen-Enzian, der Dänische Tragant, Deutscher Alant, Liegender Ehrenpreis, Braunes Mönchskraut, Acker-Wachtelweizen, Geflecktes Ferkelkraut und viele andere Wiesenblumen den Wanderer.

Feuchtwiese im Unstruttal

INFOS

Hainich, Werra und Unstrut

N1 WELTNATURERBE BUCHENWÄLDER

Alte Buchenwälder sind das Kennzeichen der Nationalparks Hainich und Kellerwald. Im Jahr 2011 wurden in Deutschland insgesamt 4391 Hektar naturnahe Altwälder als Erweiterung des Weltnaturerbes Buchenurwälder der Karpaten und Alte Buchenwälder Deutschlands in die Welterbeliste der UNESCO aufgenommen. Darunter auch der Hainich und der Kellerwald, gemeinsam mit den Buchenwäldern Jasmund/Rügen, Serrahn/Müritz und Grumsin/Schorfheide-Chorin.

Das Nationalparkzentrum des Hainichs liegt etwa zehn Kilometer südwestlich von Bad Langensalza in unmittelbarer Nähe zum Baumkronenpfad und lädt ein, sich mit fundierten Informationen zum Hainich und seiner Pflanzen- und Tierwelt zu versorgen. Vom Nationalparkzentrum aus gelangt man in die Wurzelhöhle, die erläutert, wer, was und wie in der „Unterwelt" des Waldes lebt und wie alles zusammenhängt.

Nationalparkzentrum Thiemsburg
Thiemsburg, 99947 Schönstedt OT Alterstedt
www.nationalpark-hainich.de
www.weltnaturerbe-buchenwaelder.de

N2 DER BESUCHERMAGNET

Im Hainich lockt der Baumkronenpfad unglaublich viele Besucher an. In 25 Meter Höhe und auf einer Länge von 534 Metern schlängeln sich zwei bequem begehbare und sichere Stege durch das dichte Meer der Buchenwipfel. Ein Aufzug ermöglicht den barrierefreien Zugang zum Baumkronenpfad auch für ältere Menschen, Rollstuhlfahrer oder Familien mit Kinderwagen. Der Turm mit Ausblick kann allerdings nur über Treppen erstiegen werden. Der Andrang ist zu allen Jahreszeiten riesig, der Eintritt beachtlich.

N2 Baumkronenpfad im Hainich

N3 Werrabrücke Creuzburg

Im Morgengrauen und in den Dämmerstunden werden Führungen angeboten. Käfer und Schmetterlinge lassen sich begleitet vom Gesang der Vögel ideal beobachten.

www.baumkronen-pfad.de

N3 DER NATURPARK

„Mensch und Natur gehören zusammen" – unter diesem Motto eröffnet der Naturpark Eichsfeld-Hainich-Werratal seinen Besuchern zahlreiche Möglichkeiten eine abwechslungsreiche Landschaft zu entdecken. Zwischen Eisenach und Heiligenstadt im Westen Thüringens gelegen macht das Gebiet entlang der Werra durch seine Naturschönheit und seine gewachsene Kulturlandschaft auf sich aufmerksam. Die Südhänge liegen der Sonne zugewandt und speichern die Wärme. Dieses besondere Mikroklima lässt viele seltene Arten wärmeliebender Pflanzen gedeihen. Orchideen sind typisch für diesen Lebensraum.

Naturpark Eichsfeld-Hainich-Werratal
Dorfstraße 40, 37318 Fürstenhagen
www.naturpark-ehw.de

N4 VOGELSCHUTZWARTE SEEBACH

Nördlich des Hainichs befindet sich in einer historischen Wasserburg die älteste Vogelschutzwarte Deutschlands. Sie wurde bereits im 19. Jahrhundert begründet. Der Vogelschutzpark mit seinen Vogelvo-

N4 Vogelschutzwarte Seebach

lieren und Schautafeln kann zu jeder Jahreszeit während der Öffnungszeiten besichtigt werden. In den Monaten Mai bis Oktober werden an jedem Samstag, Sonn- und Feiertag um 14 Uhr Führungen ohne Voranmeldung angeboten.

Staatliche Vogelschutzwarte Seebach
Lindenhof 3, 99998 Weinbergen OT Seebach
www.vogelschutzwarte.de

F1 ABSEITS DES TRUBELS

Am besten lässt sich der Hainich abseits der Besucherströme auf sehr empfehlenswerten Führungen erkunden. Hier einige ausgewählte Pflanzenexkursionen:

- Was wird der Frühling bringen?
- Bärlauch und andere Kräuterschätze des Frühlings
- Gesundheit aus dem Garten der Natur

Das Veranstaltungsprogramm *Mitmachen* liegt an allen Infostellen des Nationalparks aus und kann im Internet eingesehen werden.

www.nationalpark-hainich.de

F2 IM REICH DER FEEN UND WALDGEISTER

Zauberhafter Hainich – bei dieser besonderen thematischen Wanderung können sich Groß und Klein von der Natur inspirieren lassen. Es gibt nicht nur bekannte Märchen und Sagen zu hören, es wird auch die Mythologie der Pflanzen und Tiere thematisiert und versucht, alles in einen Zusammenhang zu bringen.

Unter kundiger Führung einer Märchenerzählerin und eines Rangers dürfen die Besucher die Tiefe des Waldes abseits der Wege betreten. Schon allein das ist ein Erlebnis. Sie werden an die Quelle des Lebens geführt, so wie der Held im Märchen, der oft aus Not und Mangel in den Wald gerät und dort Hilfe, Wandlung oder Heilung erfährt. Der Eingang zu dieser Zauberwelt führt durch gebogene Bäume – symbolische Tore. Der Weg schlängelt sich durch die Wildnis direkt ins Herz des Waldes, wo riesige Buchen in den Himmel ragen, wo ausladende Wurzelstöcke an einen Prinzenthron erinnern und Höhleneingänge zur unterirdischen Welt der Gnome zu führen scheinen.

Besucher berichten, dass sie den Wald plötzlich mit ganz anderen Augen gesehen und auch gefühlt hätten. Ein magisches Licht, eine zauberhafte Leichtigkeit des Seins, ein Getragensein vom umgebenden Wald mit seinen geheimnisvollen Geräuschen, Formen und Farben – diese Eindrücke kann man hier gewinnen. Termine der Märchenführungen erfährt man wie die aller anderen Führungen auf der Nationalparkseite.

www.nationalpark-hainich.de

F3 DAS GRÜNE KLASSENZIMMER

Einen ganz besonders lehrreichen Wanderpfad hat der Nationalpark Hainich im Angebot. Wie der Name schon vermuten lässt, wendet sich Das Grüne Klassenzimmer in erster Linie an Schulklassen, aber nicht nur. Auch junge Familien mit Kindern folgen gerne den 19 verschiedenen Stationen, die hautnah erklären, was beispielsweise im Totholz passiert, wie Licht und

F3 Umweltbildungsstation des Nationalparks Hainich

Schatten das Leben im Wald bestimmen, woran man verschiedene Baumarten und Wiesenblumen erkennt oder was die Wildkatze zum Überleben braucht.

Der Lehrpfad beginnt an der Umweltbildungsstation (UBiS) und ist durch einen kurzen Spaziergang vom Parkplatz Zollgarten bei Kammerforst leicht zu erreichen. Kinder können sich über den Wildkatzenkinderwald freuen, einen Abenteuerspielplatz der besonderen Art. Natur zum Anfassen, Kennenlernen und Wohlfühlen.

W1 MÄRZENBECHERBLÜTE FÜR ALLE

Beliebt ist das Brunstal im zeitigen Frühjahr, wenn sich ein weißer Märzenbecherteppich unter den noch kahlen Buchen ausbreitet. Aber auch zu anderer Jahreszeit lohnt sich ein Besuch. Durch das Tal führt ein bequemer Weg, der auch Rollstuhlfahrern die Möglichkeit gibt die Erlebnisstationen und Infotafeln zu erreichen. Die Tafeltexte sind zusätzlich in Braille-Schrift verfasst. Außerdem steht blinden und sehschwachen Besuchern ein Audioguide zur Verfügung, der im Gasthaus am Parkplatz Fuchsfarm ausgeliehen werden kann. Der Erlebnispfad beginnt am Wanderparkplatz Fuchsfarm in der Nähe von Mülverstedt.

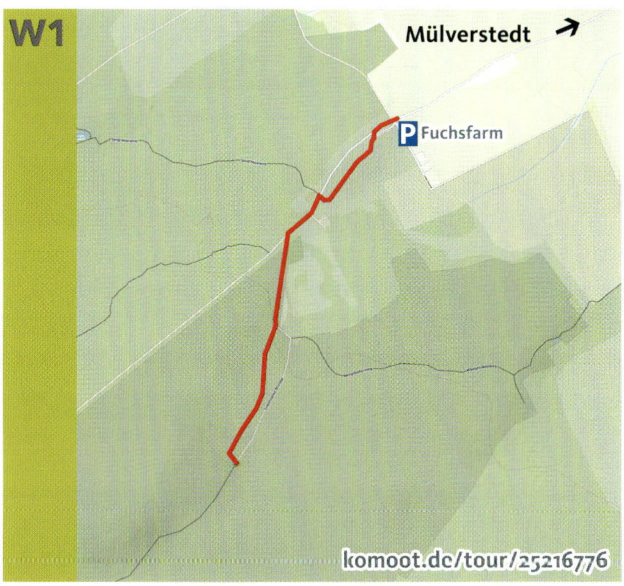

W2 WACHOLDERHEIDE CRAULA

Vom Wanderparkplatz Craulaer Kreuz ist die Wacholderheide nicht weit entfernt, in der sich nicht nur Wacholderbüsche ausbreiten, sondern auch das Große Windröschen und verschiedene Orchideen blühen. Weitere Wanderungen vom Craulaer Kreuz zum Wartburgblick, oder hinab in den bärlauchreichen Sperbergrund sind ausgewiesen, auch entlang des Kammwegs zum Ihlefelder Kreuz und zur Betteleiche. Das Craulaer Kreuz ist ein beliebter Startpunkt vieler Führungen des Nationalparks.

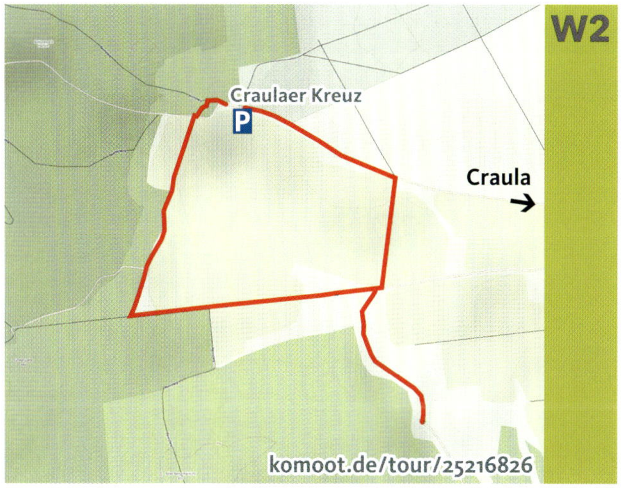

W3 ORCHIDEEN I

Eine Besonderheit des Thüringer Beckens sind Trockenwiesen auf kleinen, kaum bekannten Standorten. Sie bieten wärmeliebenden Pflanzen eine Heimat, darunter vielen Orchideen. Am westlichen Rand des Hainichs, in der Nähe der Jugendherberge am Harsberg, fühlen sich die Orchideen ebenfalls wohl. Hier sprießen im Frühsommer prächtige Knabenkräuter, ungeachtet der Tatsache, dass die Wiese von Gleitschirm- und Drachenfliegern als Startplatz genutzt wird.

Nationalparkinfo in der Jugendherberge Harsberg
Harsbergstraße 4, 99826 Lauterbach bei Eisenach

W4 ORCHIDEEN II

Eine Panoramawanderung vorbei an mehreren Orchideenstandorten beginnt an der Werra, am Parkplatz beim Ortsausgang Creuzburg in Richtung Mihla. Schroff steigt der schmale Pfad an. Die 200 Meter hohen Muschelkalkfelsen der Ebenauer Köpfe, die einen herrlichen Ausblick über das Werratal und die überreiche Vegetation zu seinen Füßen bieten, lassen das Herz höher schlagen. Über den Wisch – Hausberg der kleinen Stadt Creuzburg–, auf dessen Wiesen Knabenkräuter in allen Farben leuchten, geht es zurück zum Wanderparkplatz. Auf der nur fünf Kilometer langen Rundwanderung haben wir 17 Orchideenarten gezählt. Weitere Wanderungen durch den Naturpark Eichsfeld-Hainich-Werra werden auf der Internetseite des Naturparks beschrieben.

www.naturpark-ehw.de

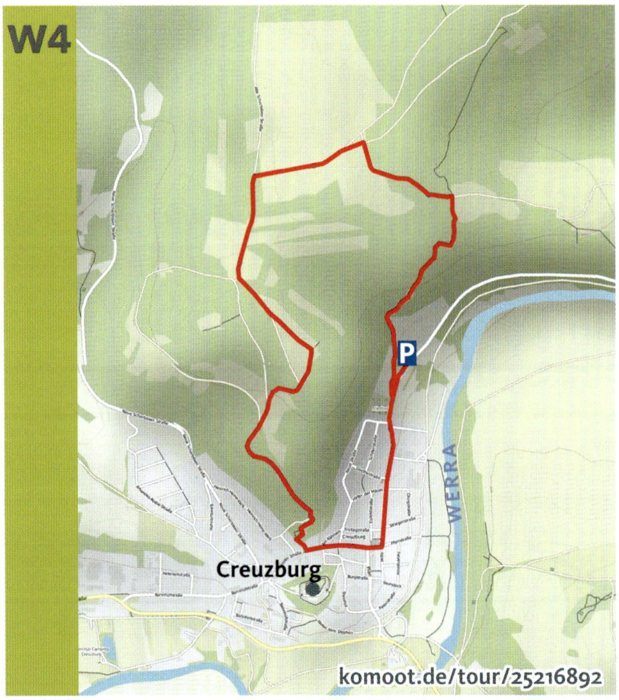

W5 ORCHIDEEN III

An ein Bergdorf in der Provence wird sich mancher Besucher des Städtchen Treffurts erinnert fühlen, wenn er auf holprigem Kopfsteinpflaster die steilen, engen Gassen zur dreitürmigen Burg Normannstein hinaufsteigt. Warme Luft strömt von den Muschelkalkhängen des Werratals hinab. Nur das Fachwerk der vielen alten Häuser ruft ins Gedächtnis, dass man sich mitten in Deutschland befindet. Hier hat sich eine seltene Flora und Fauna erhalten. So trifft man auf den Kalksteinbergen an der Werra viele Orchideenarten, aber auch Enziane. Der Orchideenlehrpfad, der von Treffurt nach Falken führt, ist leider nur schwer

zu finden, auch müssten die Erläuterungstafeln erneuert werden.

Naturparkinfozentrum und Touristinformation Bürgerhaus Treffurt
Puschkinstr. 3, 99830 Treffurt, Tel. 036923/51542

W6 UNSTRUTTAL

Die Unstrut, ein 192 Kilometer langer Nebenfluss der Saale, ist bekannt für ihren Wein, der am Unterlauf kurz vor der Einmündung in die Saale heranreift. Bereits Mitte des 19. Jahrhunderts wurde der Fluss von der Quelle bis zur Mündung reguliert. Lediglich ein Abschnitt blieb unberührt: Das sechs Kilometer lange Unstruttal zwischen Nägelstedt und Großvargula, östlich von Bad Langensalza, ist heute Naturschutzgebiet. Besonders attraktiv sind die blühenden Frühlings-Adonisröschen im April, wenn ein gelber Blütenteppich die Hänge im Unstruttal bedeckt. Adonisröschen sind in Thüringen recht häufig, gelten aber bundesweit als gefährdet.

Am besten lässt sich das Unstruttal bei einer Tour auf dem Unstrut-Radwanderweg entdecken. Von Bad

W6 Lehmwand im Unstruttal

W6 Das Unstruttal

Langensalza beispielsweise ist der Radweg gut ausgeschildert, über Nägelstedt bis zum Ende des Tals sind es nur zehn Kilometer. Zurück geht es auf dem gleichen Pfad. Zu Fuß lässt sich das Naturschutzgebiet bequem von Nägelstedt oder von Großvargula aus erkunden.

www.unstrutradweg.de

Harz und Kyffhäuser

BROCKENANEMONE

PULSATILLA ALPINA SUBSP. *ALBA*

Im Wonnemonat Mai erwacht die Brockenanemone aus dem Winterschlaf, reckt ihre strahlend weißen Blüten der Sonne entgegen. Der Volksmund nennt sie wegen der besenartigen Fruchtstände auch Bocksbart, Heckenbesen oder Teufelsbart. Bergheiden, auf denen die Blume wächst, werden immer mehr von dichten, hohen Gräsern überwachsen, die die Brockenanemone verdrängen. Schuld daran ist der saure Regen mit übermäßig vielen Nährstoffen.

Der Hohnekamm

EIN WILDES GEBIRGE MITTEN IN DEUTSCHLAND

Gewöhnliche Pechnelke *Silene viscaria*

In der Mitte von Deutschland ragt wie eine kleine, ovale Schatztruhe der Harz empor. Eine geheimnisvolle Bergwildnis, abwechslungsreich mit ihren schroffen Felsen und sanften, mit Pechnelken geschmückten Wiesentälern, klaren Wildbächen und dunklen Wäldern, dazwischen liegen inselartig Hochmoore.

Kupfer, Zink, Silber und Gold sind in seinen Tiefen verborgen. Schon in frühen Zeiten haben diese Schätze Abenteurer und Wegelagerer angelockt, aber auch Mönche und Missionare, die sich am Harzrand niederließen. Der Heidenstieg, der teilweise dem heutigen Kaiserweg entspricht, führte seit dem frühen Mittelalter quer durch das unwirtliche Gebirge. Den Landesherren war diese wilde Gegend ein bevorzugtes Jagdgebiet, dem gemeinen Volk am Harzrand lebend bot der Wald in kriegerischen Zeiten Zuflucht. Die Mönche des Klosters Walkenried im Südharz hatten alsbald das „wahre Gold" dieses wilden Gebirges, das Eisenerz, entdeckt. So besaß das Kloster vor dem Jahr 1200 Rechte an der Goslarer Grube Rammelsberg, heute Weltkulturerbe. Die Mönche transportier-

Großes Torfhaus-Moor mit Besenheide *Calluna vulgaris*

ten das Erz vom Nordharz bis in ihr Hoheitsgebiet, um es dort zu verhütten. Dieses Gebiet begann am Brunnenbach zwischen Braunlage und Hohegeiß. Tatsächlich wurden dort Schlackenreste aus Rammelsberg gefunden, die sich im 19. Jahrhundert für den Bau von Eisenbahndämmen eigneten. Die Dampflokstrecken quer durch den Harz, heute ein Touristenmagnet, erinnern an jene Zeiten. Auf stillgelegten Strecken kann der Harz per Fahrrad bequem erkundet werden.

Hohnekopf

Alte Grube Blanke Wormke

BLUMEN AUF MITTELALTERLICHER SCHLACKE

Himmelsleiter *Polemonium caeruleum*

Die alten Schlackengebiete der Erzverhüttung sind an ihrem typischen Pflanzenbewuchs, den Galmeipflanzen, zu erkennen. Die Bezeichnung leitet sich von Galmei für Zinkcarbonat her. Im Harz lagert metallhaltiges Gestein oft nahe der Oberfläche, was den Abbau wesentlich erleichterte. Die Galmeipflanzen verrieten den Bergleuten, hier lohne es sich, nach Erz zu schürfen. Sie sind heute noch auf ehemaligen Schlackenhalden zu finden, nicht nur im Brunnental, auch entlang der Warmen Bode, im Eckertal, auf den Wiesen um Lonau oder auf den Kupferhalden von Hettstedt.

Relikte des Erzabbaus, alte Gruben, Stollen und offene Schürfstellen, sogenannte Pingen, entdeckt der Kundige im Harz häufig. So die verfallenen Gruben Bunte und Blanke Wormke in der Nähe von Mandelholz. Selbst die alte Staumauer, die bis 1855 das Flüsschen Wormke zu einem Wasserreservoir machte, befindet sich noch mitten im Wald.

Ein typischer Vertreter der Galmeifluren ist das Kupferblümchen, auch Frühlings- oder Galmei-Miere genannt. Die kleinblütige Pflanze bildet inselartige Bestände, oft zusammen mit dem Wilden Stiefmütterchen, dem

Wilde Stiefmütterchen *Viola tricolor*

Taubenkropf-Leimkraut und einer speziellen Schwermetallform der Grasnelke. Die auf den mittelalterlichen Bergbauhalden wachsenden Grasnelken unterscheiden sich von den an Ostsee oder Nordsee vorkommenden Grasnelken nur gering; sie sind für diese Stellen außerordentlich charakteristisch.

Diese Galmeiblumen, auch Metallophyten genannt, blühen in leuchtenden Farben von April bis weit in den Herbst. Ihre Vorkommen sind aufgrund von Rückgang und Seltenheit kaum noch zu entdecken. Der Wiesen- und der Kleine Sauerampfer, die Rundblättrige Glockenblume, Schafgarbe sowie Weißes und Echtes Labkraut wachsen häufig in ihrem Umfeld.

Die im Harz heimische, aber seltene Himmelsleiter wächst auf Schutthalden oder in gemäßigt feuchten Staudenfluren der Bäche, wie an der Warmen Bode zwischen Braunlage und Sorge. Nur wenige Exemplare der Himmelsleiter, auch Jakobsleiter genannt, tragen weiße Blütenhauben. Häufiger schmücken sie sich von Juli bis August mit blauen Blüten. Da dieser Bereich nicht bewirtschaftet wird, kann sich die wunderschöne Pflanze ausbreiten.

Kupferblümchen *Minuartia verna* subsp. *hercynica*

Taubenkropf-Leimkraut *Silene vulgaris*

SPEZIALISTEN DER BERGE UND WIESEN

Noch heute gilt der Harz als ein wildes, mystisches Gebirge mit gewaltigen Granitklippen und ursprünglichen Bergfichten. Am Hohnekamm, auf den Okerklippen oder rund um den Brocken trifft das durchaus zu.

Auf dem kahlen Bergplateau des Brockens werden seit 1890 Gebirgspflanzen aller Kontinente angesiedelt, eine Führung durch diesen Brockengarten sollte sich kein Naturfreund entgehen lassen. Nur wahre Hochgebirgsspezialisten wie die Brocken-Anemone – ihr wissenschaftlicher Name Pulsatilla alpina weist auf den alpinen Lebensraum hin – haben eine Chance zu überdauern. Ähnlich dem Edelweiß in den Alpen schützt sie sich durch ihre zottig behaarten Pflanzenteile; ihre Pfahlwurzel reicht tief ins Erdreich. In ihrem natürlichen, rauen Umfeld zu entdecken sind weitere Gebirgsspezialisten wie die Arnika, das Alpen- und Orangrote Habichtskraut, das Heidekraut, Alpen-Aster, Gelber Enzian, Alpen-Frauenmantel und Alpen-Leinkraut.

Nicht ganz so herb sind die Bedingungen auf den tiefer gelegenen Bergwiesen des Harzes. Wie ein weißer Teppich liegt die Bärwurz über den Hängen bei Benneckenstein; Blutwurz, Gewöhnliche Pechnelke, verwilderte Lupinen, Natternkopf, Schwarze Königskerze, Ährige und Kugelblütige Teufelskralle, Schlangen-Knöterich, Trollblume oder Kleiner Klappertopf setzen üppige Farbtupfer.

Schwarze Königskerze
Verbascum nigrum

Auf dem Ravensberg

Wiesen-Schaumkraut *Cardamine pratensis*

Gewöhnlicher Natternkopf *Echium vulgare*

Stauden-Lupine *Lupinus polyphyllus*

Gamander-Ehrenpreis *Veronica chamaedrys*

Kugelblütige Teufelskralle *Phyteuma orbiculare*

Bunter Hohlzahn *Galeopsis speciosa*

RARITÄTEN IM KARST UND AUF DEM KYFFHÄUSER

Die Queste

Ebensträußiges Gipskraut
Gypsophila fastigiata

Im Süden des Harzes verwandelt sich das Grau des Granit und die rötliche Färbung des Braunsteins stellenweise in ein strahlendes Weiß – die Karstlandschaften. Ein interessantes Gebiet mit einer eigenen Flora; die klimatischen Unterschiede im Südharzer Gipskarst ermöglichen eine sehr unterschiedliche Vegetation, ein einzigartiges Nebeneinander verschiedener Arten entsteht. An einigen Stellen können sich alpine Arten wie das Glatte Brillenschötchen oder die Alpen-Gänsekresse halten, an sonnendurchwärmten Stellen mediterrane Arten wie der Berg-Gamander und das Zwerg-Sonnenröschen. Besonders artenreich sind die Trocken- und Halbtrockenrasen mit einer Vielzahl gefährdeter Pflanzenarten: Türkenbundlilie, Deutscher und Fransen-Enzian, Diptam und zahlreiche Orchideenarten, darunter auch das Weiße Waldvöglein. Seltsame Geländeformen wie Karstquellen und Bachschwinden, Höhlen, Dolinen und Erdfälle treten häufig auf, besonders auffällig die Queste, ein von Sagen umwobener Felsen über dem Ort Questenberg. In den seltenen Kalk-Flachmooren, oft von nur sehr geringer Größe, wachsen Gewöhnliches Fettkraut, Sumpf-Stendelwurz und Sumpf-Dreizack. Dieser bizarre Gebirgsausläufer ist einmalig in Europa.

Große Graslilie *Anthericum liliago*

Zottiger Spitzkiel *Oxytropis pilosa*

An den Südwesthängen des Kyffhäusers, der nicht mehr zum Harz gehört, drängen eindrucksvolle Kreide- und Gipsfelsen an die Erdoberfläche. Tiefe Höhlen, schmale Felsspalten, auch Opferhöhlen sind keine Seltenheit. Sonne durchwärmt das südliche Kyffhäusergebirge. Der Zottige Spitzkiel ist eine Charakterpflanze der Trockenhänge, beispielsweise oberhalb der Barbarossahöhle. Von Juni bis September ziert das zarte Weiß des Ebensträußigen Gipskrauts den blanken Karst im Kyffhäuser und auf der Queste. Berg-Steinkraut, verschiedene Habichtskräuter, Graslilien und Enziane, vereinzelt sind Frühlings-Adonisröschen und Federgräser an den trockenen Hängen dieser Gipskarstlandschaft zu entdecken.

Südharzer Karst

INFOS

Harz und Kyffhäuser

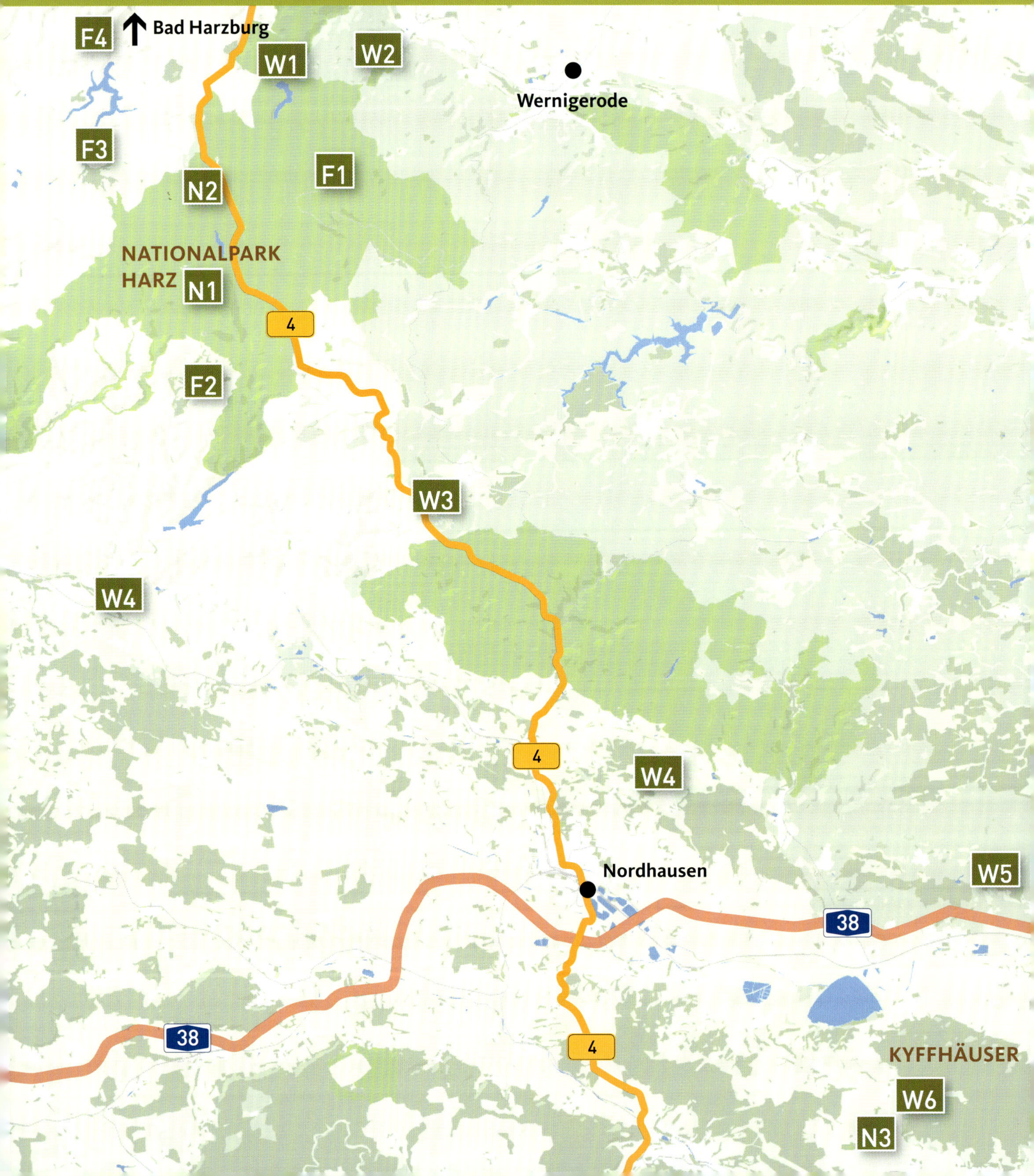

N1 NATIONALPARK HARZ

Gleich acht Besucherzentren geben im Nationalpark Tipps zu Wanderungen und empfehlen Veranstaltungen aus dem Naturerlebnis-Programm: Brockenhaus, TorfHaus, HohneHof, Sankt Andreasberg, Schierke, Ilsetal, die Ranger-Station Scharfenstein und das Haus der Natur in Bad Harzburg.

www.nationalpark-harz.de
www.haus-der-natur-harz.de

N2 BESUCHERZENTRUM TORFHAUS

Naturerlebnisse pur verspricht das Besucherzentrum des Nationalparks an der B4 zwischen Nordhausen und Bad Harzburg: "Erleben Sie mit uns eine Landschaft auf dem Weg zur Wildnis und lernen Sie die unterschiedlichsten Lebensräume kennen." Angeboten werden Führungen und Exkursionen mit den Titeln *Auf der Spur der Wölfe*, *Naturerlebniswanderung*, *Moorführung*, *Barfußwanderung* und viele mehr, ganz gleich zu welcher Jahreszeit. Das aktuelle Programm steht online.

Nationalpark-Besucherzentrum TorfHaus
Torfhaus 8, 38667 Torfhaus, Tel. 05320/331790
www.torfhaus.info

N3 NATURPARK KYFFHÄUSER

Nicht mehr zum Harz gehört der Kyffhäuser, ein kleines, aber botanisch um so spannenderes Gebirge südlich vom Harz. Größtenteils bedeckt von dichtem Buchenwald, dominiert auf der Südseite eine offene Karstlandschaft mit weißen Gipsfelsen und einer wärmeliebende Vegetation.

Naturpark Kyffhäuser
Barbarossa Straße 39a, 06567 Kyffhäuserland OT Rottleben, Tel. 034671/514
www.naturpark-kyffhaeuser.de

F1 DER BROCKENGARTEN

Im botanischen Garten auf der Brockenkuppe wachsen 1800 Pflanzen der Tundra und der Hochgebirge aus aller Welt. Seit der Gründung im Jahr 1890 dient der Brockengarten vor allem Lehr- und Forschungszwecken. Von Mitte Mai bis Mitte Oktober können Besucher unter sachkundiger Begleitung den Brockengarten besichtigen. Auf den Brockengipfel und zum Brockengarten kann man allerdings nicht mit dem Auto fahren. Hier haben umweltfreundliche Fortbewegungsmittel – Eisenbahn, Fahrrad oder einfach zu Fuß – den Vorrang (siehe W1 Wege zum Brocken).

Empfehlenswert ist der umfangreiche Führer *Der Brockengarten im Harz* (Goslar, 2006), zu erwerben am Brockengarten, im Brockenhaus oder im Buchhandel.

F2 KRÄUTERHEXEN

Eine vierstündige Kräuter-Exkursion über die Bergwiesen von Sankt Andreasberg mit kleinem Kräuterimbiss empfiehlt das Veranstaltungsprogramm des Nationalparks Harz. Oder das Sankt Andreasberger Kräuterseifenseminar, bei dem man alles über die Herstellung feiner Kräuterseifen erfährt. Für diese Veranstaltungen wird ein Kostenbeitrag erhoben, eine Anmeldung ist erforderlich unter Telefonnummer 05582/923074. Weitere Informationen zu Führungen gibt es auf der Webseite des Nationalparks.

www.nationalpark-harz.de

F3 Kräutergarten Altenau

F3 KRÄUTERPARK ALTENAU

Nicht mühsam nach Kräutern suchen muss man im Kräuterpark Altenau. Heimische Gewächse, aber auch Heil- und Gewürzpflanzen aus aller Welt verbreiten hier ihre Düfte. Die Küchenkräuter, Heilkräuter und exotischen Stauden können auch käuflich erworben werden.

Kräuterpark Altenau
Schultal 11, 38707 Altenau, Tel. 05328/911684
www.kraeuterpark-altenau.de

F4 Weltkulturerbe Rammelsberg

W1 WEGE ZUM BROCKEN

Der höchste Berg des Harzes, der Brocken, überragt die natürliche Waldgrenze, einzigartig in den deutschen Mittelgebirgen. Die Durchschnittstemperatur liegt bei kühlen 2,9 °C, die Niederschlagsmenge von 1600 Millimetern pro Jahr ist beachtlich. Dazu fegen orkanartige Stürme über den Gipfel, den an 200 Tagen im Jahr ein undurchdringlicher Nebel umhüllt. Dennoch wird der Brockengipfel täglich von zahlreichen Wanderern aufgesucht. Zum Gipfel führen mehrere Wanderwege: der Goethewanderweg vom Torfhaus aus, der Teufelsstieg von Bad Harzburg und ein Weg von Schierke über den steinigen Eckerlochstieg.

Alle Wege sind lang und für weniger trainierte Wanderer anstrengend. Ebenfalls reizvoll aber bequemer ist eine Fahrt mit der nostalgischen Dampflok-Brockenbahn von Drei Annen Hohne oder Schierke zum Gipfel.

www.hsb-wr.de

F4 WELTKULTURERBE OBERHARZER WASSERREGAL

Spannende Erlebnisse bietet das größte und höchstgelegene Weltkulturerbe in Deutschland. Neben Gräben, Wasserläufen, Teichen und anderen historischen Wasserbauanlagen kann man im Bergwerk Rammelsberg an verschiedenen Führungen unter Tage – auch ohne Anmeldung – teilnehmen.

Weltkulturerbe Rammelsberg
Museum & Besucherbergwerk
Bergtal 19, 38640 Goslar, Tel. 05321/750-0

www.rammelsberg.de

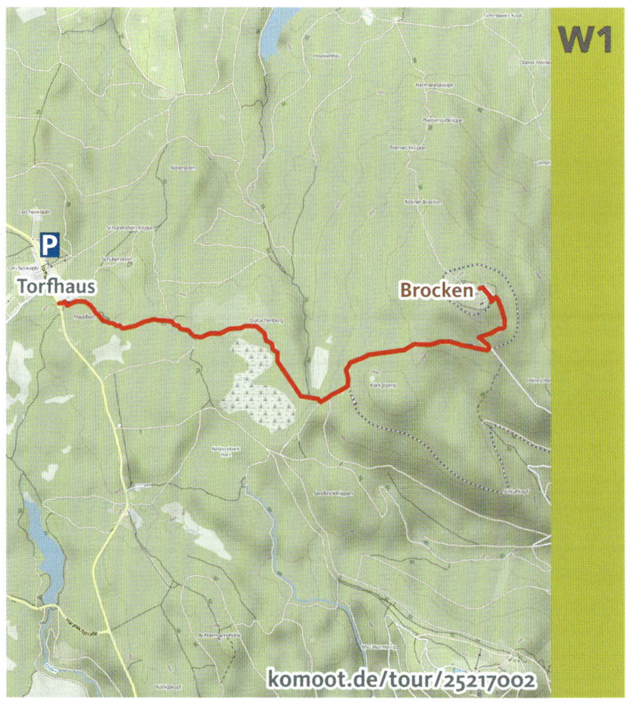

W1 Mit der Dampflok zum Brocken

W2 BORKENKÄFERPFAD

Nicht nur im Bayerischen Wald, auch im Harz stellt der Borkenkäfer eine Herausforderung dar. Wie sich aus einer vermeintlichen Katastrophe eine Chance für die Natur ergibt, erklärt der Borkenkäferpfad in Ilsenburg. Drei Erlebnisstationen zeigen die Auswirkungen des Borkenkäferbefalls, die biologischen Hintergründe und die Ursachen für diese Entwicklung. Die knapp drei Kilometer lange, aber teilweise sehr steile Wanderung auf dem Borkenkäferpfad beginnt gegenüber des Erlebniswalds Ilsetal.

www.nationalpark-harz.de

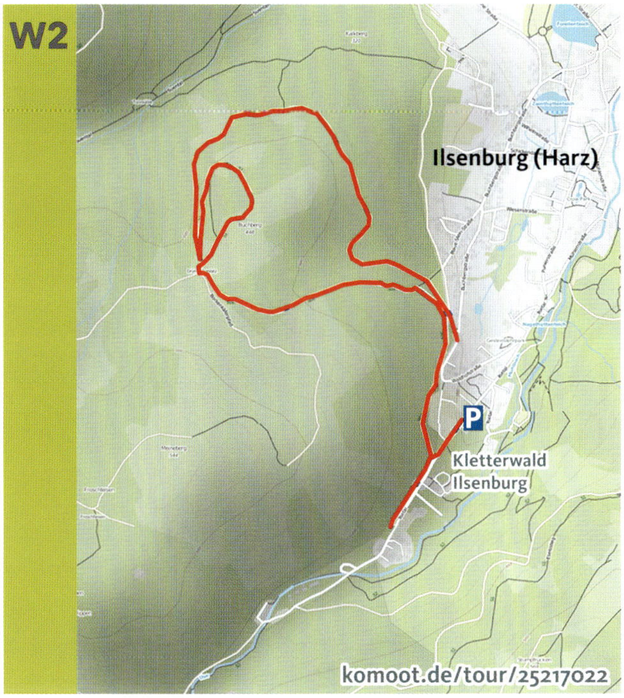

W3 BERGWIESEN

Ein wahrer Schatz für Naturfreunde sind die Bergwiesen des Harzes – zum Glück gibt es sie noch. Die schönsten und größten kann man auf zwei bequemen, etwa je 5 Kilometer langen Wanderungen beim Örtchen Benneckenstein erkunden. Ausgangspunkt ist der Parkplatz Waldschlösschen an der Landstraße von Rothesütte nach Benneckenstein, ein kurzes Stück vor dem Ortseingang.

Über die Straße hinweg geht es in den Wald hinein, der sich gleich zu einer von Bärwurz überdufteten Wiese öffnet. Einen knappen Kilometer läuft man an der Wiese entlang in Richtung Westen, dann steigt der Pfad ins Tal der Rappbode hinab, am Wegesrand stehen Blutwurz, Veilchen, Lupinen und im Sommer auch die Arnika. Unten im Tal folgen wir rechts der hier noch jungen Rappbode auf einem Fahrweg bis nach Benneckenstein. In der Wiese leuchten die gelben Farbtupfer von Trollblumen und Klappertopf, auch andere Wiesenblumen wie die Ährige Teufelskralle und der Wiesenknöterich blühen.

Am Ortseingang Benneckenstein führt hinter der Brücke ein Weg wieder hinauf über die Bergwiese. Oben stößt man auf den Pfad, auf dem man hergekommen war, und folgt ihm zurück zum Parkplatz.

Wenn das noch nicht reicht: Vom Waldschlösschen lockt der Bergwiesen-Lehrpfad, ein 5 Kilometer langer Rundwanderweg, die Wiesen östlich von Benneckenstein kennen zu lernen – eine ebenso empfehlenswerte Tour.

W4 KARSTLANDSCHAFT

Von Förste in Niedersachsen ins anhaltinische Pölsfeld führt eine 233 Kilometer lange Wanderroute durch die einzigartige Karstlandschaft des Südharzes, der Karstwanderweg. Dieser Lebensraum begeistert mit seinen Höhlen, Erdfällen und Dolinen, Karstquellen, Bachschwinden, Felsen und weißen Wänden aus Gips. Der Untergrund begünstigt Trockenheit und Wärme liebende Pflanzen.

www.karstwanderweg.de

W4 Klosterruine Walkenried

W5 QUESTE

Kurz, aber sehr reizvoll ist der Rundwanderweg um den Ort Questenberg: Vom Parkplatz am südlichen Ortsende führt der Weg durch Heidekraut, Glockenblumen und dem Ebensträußigen Gipskraut steil hinauf zur Queste. Ein zehn Meter hoher Eichenstamm mit einem Kranz aus Birkenlaub krönt das Plateau. Hier wird nach Art unserer Vorfahren am Pfingstmontag die Sonne feierlich begrüßt.

Nach dem Abstieg zurück ins Dorf kann die Wanderung auf dem Karstwanderweg in Richtung Osten ausgedehnt werden. Der Schotterweg führt zur Dinsterbachschwinde, auf einem Trampelpfad quer über eine blühende Talwiese gelangt man zu der Stelle, an der sich der Dinsterbach im Kalkgestein verliert. Weiter geht es am Bach entlang, dann rechts über eine Brücke. Zwischen Streuobstwiesen windet sich der

Weg durch das Borntal bis zu einer spitzgiebeligen Schutzhütte. Hier zweigt die Krumme Trift ab, ein alter Weideweg, der zwischen Birken und Eichen zum Ausgangspunkt zurückführt.

Wem nun nach einer Stärkung ist, das Gasthaus Zur Queste serviert – von den Bräuchen im Ort inspiriert – keltische Gerichte.

Zur Queste
Questenberger Dorfstraße 9, 06536 Südharz
OT Questenberg www.zurqueste.de

W6 KYFFHÄUSER

Botaniker richten ihr Augenmerk am Süd-West-Kyffhäuser auf die Ochsenburg, einen Bergsporn an der Straße zwischen Rottleben und Steinthaleben. Auf seinen Trockenrasenhängen wachsen europaweit gefährdete Pflanzenarten, beispielsweise Adonisröschen, Berg-Steinkraut, Astlose Graslilie und die äußerst seltene Beifuß-Sommerwurz. Den empfindlichen Trockenrasen bitte nicht betreten!

L1 HARZER PFLANZENWELT ERLEBEN

So heißt eine großformatige, reich bebilderte Broschüre, die vom Regionalverband Harz herausgegeben wird. Der Titel ist Programm: Auf elf Wanderungen durchstreifen die Autoren kenntnisreich die verschiedenen Lebensräume des Harzes: Moore, Klippen, Bergwiesen und Wälder.

Hans-Ulrich Kison, Wolfgang Ahrens u. a.:
Harzer Pflanzenwelt erleben, Quedlinburg, 2013.
www.harzregion.de

L2 MYSTISCHE PFADE IM HARZ

Einen fesselnden Wanderführer durch den Harz, der sich intensiv mit Pflanzen, Pilzen, mit Sagen und Mythen, Kraftplätzen, Klöstern und altem Wissen beschäftigt, haben wir im Bruckmann Verlag herausgegeben. Er erscheint bereits in der 4. Auflage.

Anne Christine Martin, Stefan Feldhoff:
Mystische Pfade im Harz, München, 2016.

W5 Mystischer Questenberg

Sächsische Schweiz

ZWEIBLÜTIGES VEILCHEN
VIOLA BIFLORA

Eigentlich fühlt sich das Zweiblütige Veilchen in Höhenlagen oberhalb von tausend Metern wohl. Es verträgt nicht viel Sonne, bevorzugt geschützte, feuchte Stellen, im Winter verkriecht es sich gerne unter einer Schneedecke, denn Temperaturen unter –12 °C mag es nicht. Erstaunlich, dass es diese Voraussetzungen in der Sächsischen Schweiz unter den Felsüberhängen der Schluchten vorfindet. Von Mai bis Juli strahlt ihr leuchtendes, von zarten Linien durchzogenes Gelb in der Kirnitzschklamm. Jedoch werden starke Rückgänge dieser anmutigen Pflanze beobachtet.

An der Bastei

WUNDER DER ERDE AUF DREI ETAGEN

Zweiblättrige Schattenblume
Maianthemum bifolium

Ein kleines, eigenartiges Gebirge, das sich nach der Kreidezeit aus einer 600 Meter dicken Sandsteinformation entwickelte, das Elbsandsteingebirge, auch als Sächsische Schweiz bekannt. Das ist Jahrmillionen her. Seitdem wird es von Winden und Wettern jahraus, jahrein geformt, aufgetürmt, abgetragen, gewaschen, gesprengt und ständig verändert – nichts ist, wie es war.

Wind und Wetter hatten also genügend Zeit, diesem zu Stein gewordenen Meer ein unverkennbares, recht ungewohntes Gesicht zu verleihen. Gerne wird das Elbsandsteingebirge mit einem dreistöckigen Gebäude verglichen: Den Keller, das unterste Stockwerk, nehmen die Täler, Gründe und Schluchten ein, das mittlere Stockwerk wird Ebenheit genannt, während die mächtigen Tafelberge, die hoch aufragenden Felsen, Riffe und Klippen – lokal auch als Steine bezeichnet – das oberste Stockwerk bilden.

Zwei Drittel der Niederschläge fallen in der warmen Jahreszeit, nicht selten begleitet von tief hängenden Gewittern. Das allein besagt nicht alles über die launischen Wetterverhältnisse, die aufgrund der geologischen Vielfalt sehr unterschiedlich ausfallen können.

Zwei Gesteinsarten stoßen in der Sächsischen Schweiz aufeinander, gut zu erkennen an einem geologischen Aufschluss im Polenztal: Der Granit der Lausitz liegt hier unmittelbar über dem

Märzenbecher *Leucojum vernum*

Sandstein des Gebirges. Diese Grenze, Lausitzer Störung genannt, bewirkt auch einen Wechsel der Talform: Vom Granit des Kerbsohlentals zum tief in den Sandstein eingeschnittenen Engtal mit senkrechten, bis 130 Meter hohen Felswänden. Die blühenden Märzenbecherwiesen des Polenztals erfreuen im Frühjahr zahlreiche Besucher, das Schattenblümchen bleibt lieber im Verborgenen.

Elbeschleife bei Rathen

DIE VERKEHRTE WELT DES KELLERKLIMAS

Gefleckter Aronstab *Arum maculatum*

Dieses Kleinstgebirge stellt alles auf den Kopf, alles ist anders als gewohnt: die Temperaturen, der Niederschlag, die Fauna. Wissenschaftler bezeichnen diese Situation als Umkehrung des Klimas, als Klimainversion. Auf engstem Raum treten Höhenunterschiede von 450 Metern auf.

Die Pflanzen des Bergwaldes, sonst in großer Höhe zu Hause, besiedeln hier die tief gelegenen Täler: Weiße Pestwurz, Fuchssches Greiskraut, Hasenlattich, Europäischer Siebenstern, Hain-Gilbweiderich, Ohn-Sternmoos und Spitzmoos, Tannenbärlapp, Stängelumfassender Knotenfuß sowie das in gelb strahlende Zweiblütige Veilchen. An den vom Flutenden Hahnenfuß durchzogenen Bächen des Elbsandsteins breitet sich die hübsche Gauklerblume aus, eine Nordamerikanerin. Eine weitere Einwanderin, die Wilde Tulpe, wurde 1983 zur Blume des Jahres gewählt. Auf welchen geheimnisvollen Wegen sie zu uns gelangte, kann nicht genau nachgewiesen werden. In Deutschland ist sie relativ selten. Auch Gefleckter Aronstab, Schwalbenwurz und Wald-Geißbart sind anzutreffen.

Unter den botanischen Kostbarkeiten der Sächsischen Schweiz lässt sich der Sumpfporst an seinem aromatisch-würzigen Duft gut erkennen. Im Mai trägt die immergrüne Pflanze auffällige weiße Blütendolden. In Bergsteigerkreisen wird sie „Sächsisches Edelweiß" genannt. Seine Verbreitung beschränkt sich vorwiegend auf die kühlen Gründe des Zschand, das Gebiet um Schmilka und die Bastei.

Inversionsklima in den Schwedenlöchern

Schwalbenwurz *Vincetoxicum hirundinaria*

Gauklerblume *Mimulus guttatus*

Breitblättriges Knabenkraut *Dactylorhiza majalis*

Flutender Wasserhahnenfuß *Ranunculus fluitans*

Sumpfporst *Rhododendron tomentosum*

Wilde Tulpe *Tulipa sylvestris*

Tafelberg Lilienstein

VON DER EBENHEIT UND DEN TAFELBERGEN

Besenheide *Calluna vulgaris*

Das Waldbild der Ebene wird von Buchen und Eichen mit ihren bekannten Begleitern Roter Fingerhut, Buschwindröschen und Märzenbecher bestimmt. Reine Buchenwälder existieren auf den Basaltbergen: dem Großen Winterberg, dem Raumberg sowie zwischen Zeughaus und Hinterhermsdorf; Gebiete, die einst vulkanisch aktiv waren.

Nicht nur in den nordöstlichen Basaltgebieten finden Orchideen gute Voraussetzungen, auch auf dem trockenen Sandgestein sind sie anzutreffen. Trotz der günstigen geologischen Verhältnisse konnten nur sieben von einst 22 Arten überleben, zum Beispiel die Stendelwurz, auch Breitblättriger Sitter genannt, und das Breitblättrige Knabenkraut.

Charakteristisch für das einzigartige Landschaftsbild der Sächsischen Schweiz sind seine weithin sichtbaren Tafelberge: Lilienstein, Königstein, Gohrisch, Großer Zschirnstein, Kaiserkrone, Rauenstein, Pfaffenstein und Zirkelstein. Die markant geformten Felsen der Bastei, der Schrammsteine, der Affensteine sowie die freistehende Felssäule der Barbarine am Pfaffenstein gelten als Wahrzeichen des Elbsandsteingebirges. Auf den warmen Plateaus

Karger Lebensraum auf Felslandschaften

klammern sich Kiefer und Birke in die Risse und Spalten des weichen Gesteins. Der Standort der Kiefer auf freistehenden Felsriffen ist eine Besonderheit und wird Riffkiefernwald genannt. Diese Kiefern sind bei der Wasseraufnahme darauf angewiesen, dass Regen und selbst der Nebel an den Nadeln Tropfen bilden, die über die Wachsschicht des Stammes ablaufen und in den Boden gelangen. Beständig unterschiedlichster Witterung ausgesetzt verformen sich die Bäume, ähneln den Windflüchtern an der Küste.

Zwischen Tag und Nacht steigen und fallen die Temperaturen auf den Felsplateaus und an den Steilhängen beträchtlich. Im Sommer sind die Temperaturunterschiede extrem hoch. Die Herbst- und Wintermonate bringen Wind und Sturm, kein gutes Klima für zarte Pflänzchen. Daher bleibt der Sandstein stellenweise frei von Bewuchs, lediglich Besenheide, Preiselbeere, Blaubeere und die seltene Krähenbeere fristen ein karges Dasein.

Blaubeere *Vaccinium myrtillus*

Preiselbeere *Vaccinium vitis-idaea*

SCHLARAFFENLAND FÜR MOOSE, FLECHTEN UND FARNE

Kirnitzschklamm

Becherflechte *Cladonia subulata*

Etwa 450 Moosarten werden für diese Felslandschaft aufgelistet. Zu den Raritäten gehören verschiedene, seltene Lebermoose, die sonst nur noch auf dem Feldberg im Schwarzwald vorkommen. Die schattigen und feuchten Spalten der Felsen, in die sich kein Sonnenstrahl verirrt, belebt das Leuchtmoos. Es hat sich hervorragend an sehr wenig Licht und saures Wasser angepasst. Das wenige, nicht benötigte Licht wird überdies reflektiert und bringt das Moos scheinbar zum Leuchten.

Auch Flechten sind im Kellerklima der Sächsischen Schweiz in großer Vielfalt anzutreffen. Auffallend die gelbe Schwefelflechte, die an kühlen, schattigen Felsriffen leuchtet. Andere lassen ihren Charme im Verborgenen erstrahlen, etwa die Scharlach-Becherflechten, Flaumflechten und boreale Flechten. Flechten gelten als Umweltindikatoren; ihre Häufigkeit spricht für eine relativ gute Luft im Elbsandsteingebirge.

Schatten und Feuchte kennzeichnen auch den Lebensraum der Farne. Am häufigsten trifft man auf den Breitblättrigen Dornfarn, eine weit verbreitete Art; sehr viel seltener auch auf den Strau-

Frauenhaarmoos *Polytrichum*

Lebermoos *Marchantiophyta*

ßenfarn. Er trägt seine Sporen nicht wie die meisten Farne auf der Unterseite der Blätter, vielmehr entwickelt er eigenständige, sporentragende Wedel, die an Straußenfedern erinnern. Fundorte sind unter anderem Polenztal, Kirnitzschklamm und Obere Schleuse. Der Prächtige Dünnfarn steht auf der Roten Liste in Sachsen, außer im Elbsandsteingebirge kommt er nur noch im Zittauer Gebirge vor. Er bildet hier lediglich ein unscheinbares moosartiges Polster, manchmal nur wenige Quadratzentimeter groß, so dass es leicht übersehen oder mit Moos verwechselt wird.

Farne in der Oberen Schleuse

INFOS

Sächsische Schweiz

N1 EINLADUNG IN DIE NATUR

Ein Besuch des NationalparkZentrums in Bad Schandau verschafft einen guten Überblick zur Natur und zur Geologie des Nationalparks Sächsische Schweiz. Der Nationalpark wurde am 12. September 1990 noch in der DDR gegründet.

Die vielen kleinen, im Gebiet verstreuten Informationsstellen haben sich auf jeweils ein Thema spezialisiert und beantworten Fragen, die beim Wandern in der Natur entstehen. Die historische Amselfallbaude zwischen Rathewalde und Rathen, das Blockhaus Brand bei Hohnstein, das Eishaus auf dem Großen Winterberg, der Infopunkt Schmilka, das Beizehaus, die Blockscheune im Freigelände Waldhusche in Hinterhermsdorf sowie das alte Schweizerhaus auf der Bastei laden zum Verweilen, Hören, Riechen, Fühlen und Experimentieren ein.

NationalparkZentrum Sächsische Schweiz
Dresdner Straße 2b, 01814 Bad Schandau
www.nationalpark-saechsische-schweiz.de

N2 BÖHMISCHE SCHWEIZ

Das Elbsandsteingebirge erstreckt sich über tschechisches und deutsches Gebiet. Der tschechische Teil ist ebenfalls Nationalpark, sein Name dort ist Böhmische Schweiz. Er arbeitet eng mit dem deutschen Nationalpark zusammen. Es lohnt sich durchaus, über den Tellerrand zu schauen, nicht nur wegen der spektakulären Felsformation des Prebischtors. Die tschechische Besucherinformation mit einer interaktiven Ausstellung zur Böhmischen Schweiz liegt in Krásná Lípa. Informationen in deutscher Sprache erhält man auf der Webseite des Nationalparks.

Haus der Böhmischen Schweiz
Křinické námestí 1161/10, 40746 Krásná Lípa
www.npcs.cz

F1 NATIONALPARKFÜHRER

Sich im zerklüfteten Elbsandsteingebirge zurechtzufinden, ist oft nicht ganz einfach. Orientierung und Kenntnisse zur Entstehung, Geologie, Flora, Fauna, Geschichte und Kultur des Elbsandsteingebirges bieten 18 hilfreiche Nationalparkführer. Sie stammen aus der Region und fühlen sich mit der heimischen Landschaft tief verbunden. Ihre Zertifizierung, erkennbar an einer Plakette mit Jahreszahl, erfolgt jährlich durch die Nationalparkverwaltung. Beliebt sind die regelmäßigen Turnuswanderungen, aber man kann ebenso individuelle Führungen zu speziellen Themen bei Wanderungen, Rad- und Klettertouren buchen. Auf Wunsch auch in englischer und tschechischer Sprache.

www.nationalpark-saechsische-schweiz.de

F2 SÄCHSISCH-BÖHMISCHE FREUNDSCHAFT

Ein neuer Sächsisch-böhmischer Freundschaftsweg soll die Zusammenarbeit zwischen den beiden Nationalparks stärken. Das Projekt entstand im Rahmen einer Initiative sowohl von privaten als auch von offiziellen Persönlichkeiten beiderseits der Grenze. Der neue Freundschaftsweg erhält eine eigene Ausschilderung; es werden auch geführte Zwei-Tages-Touren angeboten. Start- und Zielorte sind Hinterhermsdorf und Jetrichovice/Rynartice. Die Wanderung verläuft inmitten der spektakulären sächsisch-böhmischen Natur. Tiefe Schluchten und Flusstäler, hohe Sandsteintürme und Aussichten geben diesem Weg einen unvergleichlichen Reiz. Beide Tagesetappen sind ca. 20 Kilometer lang.

F2 Obere Schleuse

Übernachtungsmöglichkeiten bieten in Rynartice das Hotel Zámeček und in Hinterhermsdorf die Pension Kräuterbaude. Beide Häuser sind auf Wanderer eingestellt, die übernachten möchten.

Die Kräuterbaude macht ihrem Namen alle Ehre und bietet unter dem Titel *Unterwegs mit unserer Kräuterhexe* Exkursionen an; jeden 1. und 3. Samstag im Monat. Beginn: 10 Uhr, Dauer: bis zu 3 Sunden.

Kräuterbaude „Am Wald“
Hinteres Räumicht 18, 01855 Saupsdorf
www.kraeuterbaude.de

Hotel Zámeček
Rynartice 44, 40716 Rynartice
www.hotel-zamecek.cz

W1 BASTEI

Die älteste und beliebteste Touristenattraktion der Sächsischen Schweiz – die Bastei – ist ganzjährig frei zugängig. Seit 1851 überspannt die 76 Meter lange Basteibrücke in sieben Sandsteinbögen eine 40 Meter tiefe Schlucht. Einfach großartig ist der Blick über das weite Elbtal zum Lilienstein und den anderen Tafelbergen. Die Bastei lässt sich leicht mit dem Auto erreichen, der Besucherandrang ist allerdings enorm.

Es bedarf aber nur weniger Schritte, um in die Stille des Elbsandsteingebirges abzutauchen. Von der Bastei führt ein Weg hinab nach Rathen, dann links in den Amselgrund, entlang des Amselsees bis zur Amselbaude, einer Informationsstelle des Nationalparks. Etwa 250 Meter vor der Amselbaude öffnen sich links die Schwedenlöcher. Anfangs führt ein Steg durch eine enge, dunkle Felsgasse, dann 800 Stufen aufwärts. Im Dreißigjährigen Krieg boten die Schwedenlöcher Zuflucht vor den marodierenden Truppen der Schweden, daher der Name. Heute sind sie Zuflucht für Wanderer und Naturfreunde auf der Suche nach Einsamkeit.

W1 Auf der Bastei

W2 PFAFFENSTEIN

Der 434 Meter hohe Pfaffenstein zählt zu den bekannten Tafelbergen in der Sächsischen Schweiz. Er liegt linksseitig der Elbe, südlich der Stadt Königstein. Die unverwechselbare Form der Felsnadel Barbarine, ein Wahrzeichen der Sächsischen Schweiz, steht in eigentümlichem Kontrast zum Felsplateau Pfaffenstein. Der 43 Meter hohe, frei stehende Fels der Barbarine kann besucht werden, ist aber aus Sicherheitsgründen für Kletterer gesperrt. Am Pfaffenstein finden sich auf

engstem Raum alle wesentlichen Landschaftselemente des Gebirges. Die Strukturvielfalt der Felsenwelt spiegelt sich in der Pflanzenwelt wider. Auf den trockenen, von der Sonne beschienenen Felsen wachsen lediglich Flechten, Moose und Pflanzen, die einer Dürre standhalten können. In den feuchten Schluchten und Riffen nimmt indes die Artenvielfalt zu.

Auf diesem eindrucksvollen Tafelberg liegt das historische Pfaffensteingasthaus mit angeschlossenem Gartenlokal und Aussichtsturm. Das Plateau des Pfaffensteins kann nur auf Schusters Rappen erreicht werden. Je nach Schwierigkeitsgrad des gewählten Wanderwegs dauert der Aufstieg vom Parkplatz in Pfaffendorf 15 bis 35 Minuten.

Berggaststätte Pfaffenstein
Fels Pfaffenstein 1, 01824 Pfaffendorf,
Tel. 035021/59410 www.pfaffenstein.com

W3 KIRNITZSCHKLAMM

Ein gutes Stück entlang der deutsch-tschechischen Grenze verläuft die Kirnitzschklamm. Beliebt ist eine romantische Bootsfahrt auf der Oberen Schleuse. Die Kirnitzsch wird hier in der engen Steinschlucht auf 700 Metern aufgestaut. Eine tiefe Stille, nur unterbrochen vom sanften Schlag des Ruders, umfängt den Wanderer. Bereits seit 1879 werden Sommerfrischler per Boot über den See befördert, zuvor diente er zum Flößen von geschlagenem Holz.

Vom Parkplatz Buchenpark in Hinterhermsdorf bis zur Bootsstation muss man etwa eine 3/4 Stunde laufen. Für die Wanderung auf dem 27 Kilometer langen Flößersteig, immer entlang der Kirnitzsch, von der Oberen Schleuse bis Bad Schandau, sollte man den ganzen Tag einplanen.

W4 KUHSTALL

Der bekannte Kuhstall, ein 11 Meter hoher, 17 Meter breiter und 24 Meter langer Felstunnel, liegt im Felsmassiv Neuer Wildenstein. Im Dreißigjährigen Krieg versteckten hier Bauern das Vieh vor plündernden Truppen; so kam die Felshöhle zu ihrem Namen.

Ausgangspunkt für eine Wanderung zum Kuhstall ist der Lichtenhainer Wasserfall im Kirnitzschtal. Die Himmelsleiter, eine schulterschmale Treppe zwischen zwei Felswänden, führt von der Kuhstallhöhle auf das Gipfelplateau des 336 Meter hohen Neuen Wildensteins.

W5 SCHRAMMSTEINE

Das Herz des Elbsandsteingebirges durchzieht die lang gestreckte, urwüchsige Felsgruppe der Schrammsteine, über deren Höhen ein anspruchsvoller Wanderstieg führt – mit wunderbaren Aussichten auf die Elbe und die gesamte Sächsische Schweiz. Ausgangspunkt dieser mittelschweren Wanderung ist der Parkplatz an der Schrammsteinbaude zwischen Ostrau und Postelwitz; die Aufstiege zu den Felsen sind beschwerlich und verlaufen zum Teil über Metallleitern und durch enge Felsspalten. Durch den Schießgrund geht es zum Großen Schrammtor, hinauf zur Schrammstein-Aussicht, weiter auf dem Gratweg bis zur Breiten Kluft. Der Abstieg führt ins Elbtal und zurück geht es auf dem Elbleitenweg durch den Wald.

Länge: 12 km, Dauer: 4 bis 5 Stunden.

Gaststätte und Pension Schrammsteinbaude
Zahnsgrund 5, 01814 Bad Schandau,
Tel. 0172/7864241
www.schrammsteinbaude.de

W6

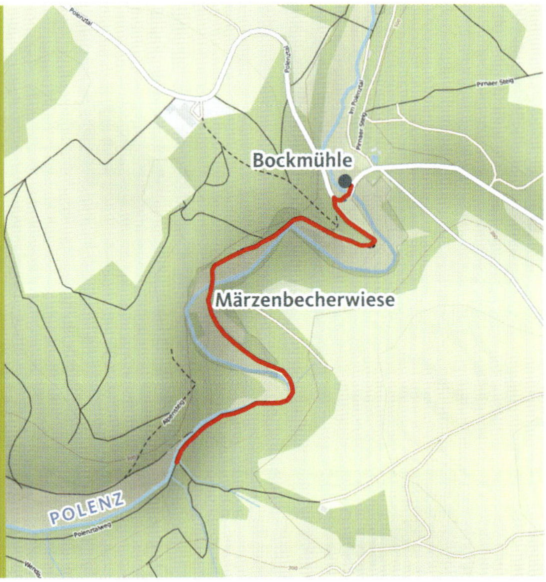

W6 MÄRZENBECHER-WIESEN POLENZTAL

Das Polenztal gilt als einer der letzten Rückzugsorte wild wachsender Märzenbecher in Sachsen. Im Frühjahr lockt die Märzenbecherblüte zahlreiche Besucher hierher. Der Spaziergang beginnt an der Bockmühle bei Cunnersdorf (nicht zu verwechseln mit dem gleichnamigen Vorort von Dresden). Autofahrer finden unweit der Mühle zusätzliche Parkplätze ausgewiesen, die allerdings bei Nässe schwer zu befahren sind. Ein befestigter Parkplatz befindet sich am Ortsausgang Cunnersdorf.

Schon von der Bockmühle lassen sich die ersten Frühblüher erspähen. Der Weg folgt den Wassern des Flüsschens Polenz, die Wiesen sind übersät mit den weißen Blüten der Frühblüher. Als eines der wenigen großen Vorkommen in Deutschland stehen die Märzenbecherwiesen unter besonderem Schutz.

Länge: 1,3 km ab Bockmühle, 3,3 km vom Parkplatz in Cunnersdorf

Gasthaus Bockmühle
Im Polenztal 2, 01848 Hohnstein OT Cunnersdorf,
Tel. 035973/648377
www.bockmuehle-hohnstein.de

Wer die Märzenbecherblüte nicht verpassen möchte, kann sich im Märzenbechertagebuch der Stadtverwaltung Stolpen über den aktuellen Stand informieren:
maerzenbechertagebuch.blogspot.de

W6 Burg Hohnstein

W7 Kletterfelsen Teufelsturm

W7 KLETTERN

Die Sächsische Schweiz ist ein beliebtes, aber strapaziertes Klettergebiet. Als Symbol des Sächsischen Bergsteigens gilt der Teufelsturm, ein markanter, etwa 50 Meter hoher Klettergipfel zwischen Schmilka und Bad Schandau in den Schrammsteinen. Das Klettern im Elbsandsteingebirge ist streng reglementiert, so darf die berühmte Felsnadel Barbarine schon seit 1975 nicht mehr bestiegen werden. Durch Trittbelastung verschwinden viele Pflanzen – vor allem, seit der Mensch seine schwere Kletterausrüstung per Auto locker in die Nähe der Kletterfelsen bringen kann.

W2 Barbarine am Pfaffenstein

Unteres Odertal

GEWÖHNLICHES PFEILKRAUT

SAGITTARIA SAGITTIFOLIA

Wo Gewässer langsam fließen, aber auch in ruhenden Teichen fühlt es sich wohl, das bizarre Pfeilkraut. Extravagant ist es außerdem, denn es gibt sich nicht mit einer Blattform zufrieden: die Unterwasserblätter sind bandförmig, auf der Wasserfläche ruhen ovale Schwimmblätter, die Luftblätter auf den langen Stielen erinnern an scharfe Pfeile. Von Juni bis August schmückt es sich mit strahlend weißen Blüten.

Peekhäwel

DEUTSCHE FLUSSAUEN GESTERN UND HEUTE

Schwanenblume *Butomus umbellatus*

Noch vor 200 Jahren rauschten reißende Ströme und Flüsse durch deutsche Lande, wilde Wasser mit Sandbänken, gefährlichen Riffen, nur streckenweise schiffbar. Mit der Industrialisierung im 19. Jahrhundert verschwanden diese Lebensräume weitgehend. Die meisten Fließgewässer – ob groß oder klein – wurden begradigt, kanalisiert, für die Schifffahrt erschlossen, Überschwemmungsgebiete eingedeicht und für die Landwirtschaft genutzt. Übrig blieben reduzierte Auwaldstreifen, wie sie im Leipziger Auwald, im Taubergießen am Oberrhein, im Naturschutzgebiet Kühkopf-Knoblochsaue bei Darmstadt oder im Donauried zwischen Neu-Ulm und Donauwörth zu finden sind. Die Pflanzen und Tiere sind an den unregelmäßig wechselnden Wasserstand angepasst, charakteristische Erlen- und Eschenwälder können auch längere Überflutungen überstehen. Schwarzerlen und Moorbirken besiedeln die Bruchwälder.

Inzwischen hat man den Wert dieser Biotope erkannt und versucht, die vorhandenen Fragmente zu schützen und teilweise zu renaturieren. Nicht immer sind die Bemühungen erfolgreich. So konnte sich in den 90er Jahren der Plan der Thüringer Umweltbehörden, den Oberlauf der Unstrut, ein kleiner Nebenfluss der Saale, zu renaturieren, nicht durchsetzen. Erfolge gibt es an der Elbe

Blutweiderich *Lythrum salicaria*

zwischen Dessau und Boizenburg, ein großer Flussabschnitt wurde als Biosphärenreservat deklariert; das Untere Odertal durfte gar Nationalpark werden. Die weiten, natürlichen Überflutungsräume der Oder sind einmalig in Mitteleuropa: Deiche, schilfbewachsene Altflussarme, Tümpel, Teiche, Rinnsale, an den Rändern die seltene Schwanenblume und der recht häufige Blutweiderich. Für Abwechslung der Flora und Fauna ist bestens gesorgt.

Am Mummertsgraben

ODER / ODRA – EIN VIELSEITIGER GRENZFLUSS

Die Oder bildet nicht nur die Grenze zwischen Polen und Deutschland, sie ist auch ein viel benutzter Wasserweg. An seinen Ufern liegen Industriekonglomerate; am deutschen Ufer Schwedt und das große Kohlekraftwerk im polnischen Gryfino. Durch den Hohensaater-Friedrichsthaler-Kanal, der parallel zur Oder angelegt wurde, sind diese ganzjährig mit Lastkähnen zu erreichen. Im Sinne des grenzübergreifenden Naturschutzes ist es daher erfreulich, dass nicht nur das deutsche Ufer seit 1995 zu den Nationalparks zählt, sondern auf polnischer Seite ebenfalls ein Bekenntnis zur Natur abgelegt wurde: Seit 1993 ist das polnische Ufergebiet Landschaftsschutzpark. Das Untere Odertal vereint auf einer Länge von etwa 60 Kilometern und nur drei Kilometer Breite eine Flussauenlandschaft mit unterschiedlichen Lebensräumen, ein Paradies für Vögel und Pflanzen. Immer wieder werden die Feuchtwiesen von Hochwasser überflutet, das auch den Auwald durchströmt. Breite Schilfgürtel säumen die Altarme, die miteinander verbundenen Tümpel und Kolke. Seerosen, Wasserfenchel und Pfeilkraut, auch die rare Schwanenblume blüht im Frühsommer. An den feuchten Uferrändern leuchten im April die gelben Blütenstände der selten gewordenen Sumpf-Wolfsmilch, später Wasserhahnenfuß, Wasserminze, Einfacher Igelkolben, Blutweiderich, Wasser-Knöterich und der Wiesen-Alant.

Einfacher Igelkolben
Sparganium emersum

Ufervegetation

Wasserminze *Mentha aquatica*

Blutweiderich *Lythrum salicaria*

Wasser-Knöterich *Polygonum amphibium*

Wasserhahnenfuß *Ranunculus aquatilis*

Wasserfenchel *Oenanthe aquatica*

Kuckuckslichtnelke *Lychnis flos-cuculi*

Kormoransiedlung am Bogengraben

AUWÄLDER, HANGWÄLDER UND TROCKENRASEN

Sand-Nelke *Dianthus arenarius*

Leider handelt es sich bei den Auwäldern des Odertals nur um Restbestände. Im Mittelalter waren noch zwei Drittel der Fläche von Bäumen bedeckt. Ein größeres Auwaldvorkommen findet man noch am Welsensee. Der Hartholzauwald im Unteren Odertal besteht aus Flatterulmen und Stieleichen. Diese verkraften die regelmäßigen Winterhochwasser gut, leiden aber unter den Überflutungen im Sommer. Am Welsensee starben beim extremen Sommerhochwasser 1997 zahlreiche Ulmen und Eichen ab. Bis heute ragen die toten Stämme in den Himmel. Noch seltener ist der Weichholzauwald, der vor allem aus Weiden und Pappeln besteht, darunter auch die Schwarzpappel. Dieser knorrige Baum erreicht bis zu 30 Meter Höhe und kann 300 Jahre alt werden. Er hält großen Flutwellen stand. Nur etwa 3000 Exemplare dieser schwer zu bestimmenden Art sollen noch in ganz Deutschland existieren.

Nicht nur feuchte Zonen prägen das Odertal. Seine Hänge – wie am Gartzer Schrey – überziehen blühende Trockenwiesen und ar-

Trockenwiese

tenreiche Laubwälder. Sandtrockenrasen mit Filziger Pestwurz, seltenen Hornkräutern; Silbergras und Tataren-Leimkraut findet man auf höher liegenden Flächen der Flussaue. Bei Verfestigung solcher Standorte entwickelt sich ein Trockenrasen mit Golddisteln, Heidenelken und Grasnelken.

Auf den Höhen bietet der Sandtrockenrasen im Frühsommer in seinem Gewand aus verschiedenen Schwingelarten und Federgräsern einen prachtvollen Anblick. Seltene Leimkräuter, das Natternkopf-Habichtskraut, die Kartäusernelke, die Sibirische Glockenblume, Gelber Zahntrost, Dreizähniges Knabenkraut, Kreuzenzian, Sand- und Pechnelken ergänzen das Bild. Einem wild blühenden Garten gleichen die Steppentrockenrasen bei Geesow, Gartz, Stützkow, Gellmersdorf, Stolpe und Stolzenhagen. In den Hangwäldern dominieren Buche, Hainbuche, Traubeneiche, Stieleiche oder Winterlinde. Eine Rarität sind die Ulmen-Hangwälder.

Golddistel *Carlina vulgaris*

Feinstrahl *Erigeron annuus*

NATIONALPARK - EIN VERLORENES PARADIES

Kopfweide

Europäische Seekanne *Nymphoides peltata*

Und doch ist die Natur im Unteren Odertal alles andere als heil. Die Anerkennung zum Nationalpark bedeutet keineswegs eine Verbesserung des Naturschutzes, im Gegenteil: Eine neue Wasserstraße soll mitten durch den natürlichsten Teil des Nationalparks gebaggert werden, um den neuen Schwedter Hafen besser an die Ostsee anzubinden. Wirtschaftliche Interessen haben wie üblich Vorrang vor Seekanne, Hornklee und Wasser-Greiskraut. Noch wird das Großprojekt durch fehlende Gelder, ungeklärte Zuständigkeiten und Proteste von Umweltschützern verzögert.

Nach dem verheerenden Oderhochwasser von 1997 wurden, statt neue Überflutungsräume zu schaffen, die Deiche erhöht. Im Winter werden die Polder des Nordteils geflutet und im Frühling aufwendig leer gepumpt, ausgerechnet in der Brutzeit stark bedrohter Vogelarten. Sie sitzen im wahrsten Sinne des Wortes auf dem Trockenen, und das Gelege wird leichte Beute von Fuchs und Marderhund. An dieser fragwürdigen Praxis der Trockenlegung hat sich mit Rücksicht auf

Gewöhnlicher Hornklee *Lotus corniculatus*

Wasser-Greiskraut *Jacobaea aquatica*

die Landwirtschaft seit Gründung des Nationalparks nichts geändert. Nicht einmal die groß angekündigte Reduzierung der landwirtschaftlichen Flächen konnte durchgesetzt werden. Gerade einmal um zwei Prozent stieg von 1995 bis 2010 der Anteil der unbewirtschafteten Bereiche im Nationalpark.

Könnte es sein, dass die Brandenburgische Regierung gar kein echtes Interesse an dem einzigartigen Auen-Nationalpark hat – mit seinen natürlichen Überflutungsräumen, den schilfbewachsenen Altflussarmen, Tümpeln, Teichen, Rinnsalen, der Heimat einer äußerst abwechslungsreichen Flora und Fauna?

Moschus-Malve *Malva moschata*

INFOS

Unteres Odertal

N GUTSHOF CRIEWEN

Ein ehemaliger Gutshof in Criewen beherbergt seit September 2000 das Besucherzentrum des Nationalparks Unteres Odertal. In einer Ausstellung zum Anfassen und Mitmachen kann die Auenlandschaft der Oderniederung nachempfunden werden, eine spannende Entdeckungstour durch dreizehn Ausstellungsbereiche und zu den Geheimnissen der Natur. Im 15 000 Liter fassenden Aquarium schwimmen mehr als 20 heimische Fischarten: Hecht, Aland, Rapfen, Zander, Quappe und kleinere Arten wie Steinbeißer, Stichling und Bitterling. Ein Poldermodell veranschaulicht, wie sich das Wasser in der Aue verhält und wie bei Hochwasser die Polder geflutet werden.

Nationalparkhaus
Park 2, 16303 Schwedt OT Criewen,
Tel. 03332/2677-0

www.nationalpark-unteres-odertal.eu

F1 GRENZÜBERSCHREITUNG

Botanische und zoologische Führungen durch den Nationalpark veranstaltet der Verein der Freunde des Deutsch-Polnischen Europa-Nationalparks Unteres Odertal:

- Vogelstimmenführung im Lunow-Stolper-Polder
- Im Wasser, zu Lande und in der Luft – die sommerliche Tierwelt feuchter Biotope
- Der König des Waldes – Wisente im Unteren Odertal
- Standortbedingungen und Vegetation der Überflutungspolder

Es werden auch Führungen auf der polnischen Seite der Oder angeboten, beispielsweise von Zaton Dolna oder von Stara Rudnica aus. Treffpunkt ist jeweils die Kirche der Orte.

Wegen der langen Wege werden manche Exkursionen auf dem Fahrrad unternommen. Da lohnt sich ein Blick auf die sehr empfehlenswerte Webseite des Vereins. Hier kann man sich auch anmelden. Ebenfalls zu finden: ein Jahresüberblick der unterschiedlichen Führungen.

www.nationalpark-unteres-odertal.de

F1 Weißstorch

F1 Teichfrosch

F2 FLUSSREISEN

Die Naturführerin Frauke Bennet bietet verschiedene eintägige oder auch mehrtägige Kanutouren durch die Auenlandschaft der Oder an. Ihre große Natur- und Ortskenntnis machen diese Touren zu einem besonderen Erlebnis.

www.flusslandschaft-reisen.de

F3 ESELEIEN

Reisen mit einem Packesel – eine ungewöhnliche Art die Natur zu erkunden. Das Angebot der Diplombiologin Sarah Fuchs reicht von leichten Spaziergängen bis zu zweitägigen Wanderungen. Alle Touren und Spaziergänge werden von erfahrenen und naturkundigen Führern begleitet und streifen durch landschaftlich besonders reizvolle Gebiete im Nationalpark Unteres Odertal oder im Biosphärenreservat Schorfheide-Chorin. Esel und Maultiere nehmen den Wanderern das Gepäck ab. Eine besondere Freude für Kinder mit müden Füßen: Sie dürfen auf dem Rücken der Packtiere reiten. Detaillierte Beschreibungen aller Touren auf der Internetseite.

www.packeseltouren-brandenburg.de

F1 Oderaue

F4 EXKURSIONEN PER RAD

Radausflüge unter fachkundiger Begleitung werden vom Tourismusverein Unteres Odertal angeboten. Sie führen zur Alten Oder, auf die Polder, in die Flussaue oder rund um das Tabakstädtchen Vierraden und dauern drei bis vier Stunden. Etwas mehr Zeit muss man für die geführte Radwanderung Waldwildnis, Hangquellen, Weichholzaue & Co. nehmen, die die wilden Densenberge mit Hangquelle, Feucht- und Moorgebieten zum Ziel hat.

Tourismusverein Nationalpark Unteres Odertal e. V.
Berliner Straße 46/48, 16303 Schwedt/Oder,
Tel. 03332/2559-0 www.unteres-odertal.de

F5 ODERHÄNGE MALLNOW

Gelb strahlen im April die Frühlings-Adonisröschen auf den Hängen der Oder bei Mallnow, zehn Kilometer nördlich von Frankfurt/Oder an der Grenze zu Polen. Ein Blütenzauber, der jedes Jahr Tausende Besucher fasziniert. Die Oderhänge bieten Lebensraum für typische Steppenpflanzen. Damit die Flächen nicht zuwuchern, weiden Schafherden auf den Hängen, sie rühren das hochgiftige Frühlings-Adonisröschen jedoch nicht an.

Die NABU-Stiftung Nationales Naturerbe hat 46 Hektar der Oderhänge gekauft, mit dem Ziel, den Trockenrasen als Lebensraum zu erhalten. Führungen für Gruppen ab zehn Personen können mit dem Gebietsbetreuer Norbert Wedl vereinbart werden.

Dipl.-Biol. Norbert Wedl
Bergstraße 43, 15374 Müncheberg,
Tel. 033432/71048, Mobil 0170/8622798
www.nabu.de

W1 MIT DEM KANU

Die geringe Fließgeschwindigkeit der Oder erlaubt es, den Strom in alle Richtungen auf eigene Faust im Boot zu erkunden. Allerdings ist im Kernbereich des Nationalparks eine Bootstour nur mit einem zertifizierten Kanuführer erlaubt. Außerhalb der Kernzone kann man die Wasserwelt auf eigene Faust auskund-

schaften. Kanu- und Kajakverleih am Campingplatz in Mescherin oder in Schwedt.

Campingplatz am Oderstrom
Obere Dorfstraße 17, 16307 Mescherin
www.campingplatz-mescherin.de

Wassersport PCK Schwedt e. V.
Regattastraße 3, 16303 Schwedt/Oder,
Tel. 03332/23962

W2 ODER-RADTOUR

Flusslandschaften laden zum Radeln ein. Der beliebte Oder-Neiße-Radwanderweg führt zwischen Hohensaaten und Mescherin auf einer 59 Kilometer langen, asphaltierten Etappe durch die Auwälder des Nationalparks Odertal. Achtung: Bis voraussichtlich Sommer 2018 bleibt der Deich zwischen Grenzübergang Schwedt/Krajnik Dolny und Eiswachhaus Stützkow wegen Bauarbeiten am Stützkower Wehr gesperrt. Es gibt eine Umleitung.

www.oderneisse-radweg.de

Das polnische Ufer lernt man auf einer Radtour beiderseits der Oder kennen. Sie beginnt an der Stadtbrücke in Schwedt und führt über die B166 zum Grenzübergang. Gleich dahinter auf polnischer Seite liegt Krajnik Dolny und weiter geht es auf der Straße Nr. 125 über die Orte Krajnik Gorni, Piasek bis nach Cedynia. Danach auf der Straße Nr. 124 bis Osinow Dolny und zurück über die Grenze bei Hohenwutzen. Die polnischen Landstraßen sind nur wenig befahren.

Auf deutscher Seite zur Schiffsschleuse Hohensaaten, auf dem Oder-Neiße-Radweg vorbei am Flutungswehr Stützkow und durch den Nationalpark zurück nach Schwedt.

Länge: ca. 70 km, Schwierigkeitsgrad: mittel.

www.unteres-odertal.de

W3 GARTZER SCHREY

Wer aus den alten Stadtmauern des kleinen Städtchens Gartz heraustritt, erreicht nach zwei Kilometern in Richtung Mescherin schon die abwechslungsreiche Landschaft des Unteren Odertals: von Seerosen bedeckte Altwasser, dichte Röhrichte und weite Seggen-

riede, bunte Feuchtwiesen, urwüchsige Auwaldreste. Naturnahe Laubmischwälder auf den Oderhängen, bestehend aus Erlen, Eichen, Eschen und Buchen, runden das Bild ab. Besonders eindrucksvoll sind die überaus artenreichen bunt blühenden Trockenrasen im Sommerhalbjahr. Hier finden viele Pflanzenarten der Steppenzone ihre nordwestliche Verbreitungsgrenze.

Vom Kroatenberg fällt der Blick über die Oderniederung, die bevorzugten Schlafplätze der Kraniche auf ihrem Zug nach Süden. Tipps dazu gibt es auf der Webseite unter „Ausflugsziele".

www.unteres-odertal.de

W4 WEICH- UND HARTHOLZAUEN

Von der Criewener Brücke bis zum Niedersaater Einlasswerk führt der Auenpfad durch einen an Altarmen reichen Polder der alten Oder. Er kann nur im Sommerhalbjahr begangen werden, da die Oder im Winter die Niederungen überflutet. Die hellgelben Blüten der Sumpf-Schwertlilie setzen von Mai bis Juni Farbakzente, das Purpur des Blutweiderichs erstrahlt von Juli bis September. Das ausgedehnte Röhricht der Wasserarme setzt sich aus Schilfrohr, Schlankseggen und Rohrglanzgras zusammen. Hier tummeln sich Rohrammer und Schilfrohrsänger. An den Bäumen sieht man Wasserringe, bis zu dieser Höhe stand das Wasser. Die Weichholzwälder vertragen wechselnde Wasserstände sehr gut. Die schmalen Blätter und Zweige der Weiden bieten dem strömenden Wasser kaum Widerstand, sie halten längere Überflutungen aus und sind zudem sehr regenerationsfähig.

Auf den höher gelegenen Abschnitten der Flussaue erstreckt sich eine Hartholzaue, deren Bäume, Eschen und Stieleichen, nur kurzfristig Nässe verkraften. Wegen des langsamen Wachstums ist ihr Holz besonders elastisch und hart. Sie geben dem Standort den Namen.

Ausgangspunkt: Criewener Brücke, Länge: 3,7 km.

W5 AUENBLICKE

Am Nationalparkhaus in Criewen beginnt eine längere Wanderung durch die Densenberge zum Aussichtspunkt Himmelsleiter in Stützkow. Zurück geht es entlang der Hohensaater-Friedrichstaler-Wasserstraße durch die Oderaue. Die Densenberge sind eine bewal-

dete Endmoränenlandschaft aus der Weichseleiszeit. Auf einem Bohlensteg überwindet man einen feuchten Erlen-Eschen-Wald, in dem viele Vögel ihr Lied singen: Klein- und Grünspecht, Gartenbaumläufer oder Pirol. Ein Hangquellmoor bietet auch der Sumpfdotterblume eine Heimat. Im zeitigen Frühjahr fallen die gelben Hochblätter des Wechselblättrigen Milzkrautes auf.

Die Szenerie der Lebensräume wechselt. Trockenrasen überzieht den Berg, doch bringt der karge Boden eine erstaunlich große Pflanzenvielfalt hervor. Zu den blühenden Raritäten gehören Helm-Knabenkraut, Sibirische Glockenblume und Wiesensalbei. Eine regelmäßige Beweidung des Trockenrasens durch Schafe, Ziegen oder Ponys verhindert das Hochwachsen von Büschen.

Über 167 Stufen geht es zum Aussichtspunkt in Stützkow hinauf. Der Blick schweift von der Hohensaater-Friedrichstaler-Wasserstraße über das Gebiet des Auennationalparks bis zur Oder. Am Horizont begrenzt eine Hügelkette das Odertal, sie gehört schon zu Polen. Der Einfluss des Menschen durch Deiche, Dämme und Wehre ist unübersehbar, dennoch zählt diese Flussaue zu den naturnahsten Mündungsgebieten in Europa.

Zurück geht es auf dem Deich der Wasserstraße, der Weg ist jetzt asphaltiert. Zur rechten die Auenlandschaft; durch den beständigen Wechsel von Hoch- und Niedrigwasser gehört sie zu den artenreichsten Lebensräumen – und zu den am stärksten bedrohten. Aufenthalt für Tausende von Zug- und Brutvögeln. In der Vegetation bestimmen schlanke Weiden und borkige Schwarzpappeln das Landschaftsbild; Langblättriger Ehrenpreis, Echtes Mädesüß und Gewöhnlicher Blutweiderich säumen die Wasserflächen.

Ausgangspunkt: Nationalparkhaus Criewen, Länge: ca. 10 km

W6 PFEILKRAUT UND KORMORAN

Von der Teerofenbrücke führt eine in der Länge variable Wanderung in die Polderlandschaft der Oderaue, zu Pfeilkraut und Kormoran. Gleich hinter der Brücke geht es links auf einem Fahrweg am Welsensee entlang. Über den Mummertsrandgraben gelangt man zur Unteren Welse, aus der schon die spitzen Blätter des Pfeilkrautes herausragen. Ein Stück weiter riecht es heftig nach Fisch, der Geruch geht von einer Kormoransiedlung aus. Die klugen Vögel haben sich im geschützten Nationalpark angesiedelt, wo sie vor Verfolgung einigermaßen sicher sind.

Entlang des Bogengrabens erreicht man den Oderdeich und blickt über den Strom hinweg auf den Kirchturm des Dorfes Widuchowa auf dem gegenüberliegenden Ufer. Wer jetzt nicht zurück laufen möchte, wandert auf dem Deich stromaufwärts. Nach drei Kilometern, vor dem Schustergraben, zweigt rechts ein Weg ab, der sich in großen Bögen durch die wilde Wasserlandschaft schlängelt und zum Ausgangspunkt zurückführt.

Ausgangspunkt: Teerofenbrücke, Länge: ca. 12 km (kurz: 6,5 km).

W6 Gebänderte Prachtlibelle

Mecklenburger Seen

WEISSE SEEROSE
NYMPHAEA ALBA

Die Weiße Seerose breitet einen schwimmenden Blütenteppich über die ruhenden Gewässer Mecklenburgs. Von Mai bis September liegt dann ein leichter Duft über den Seen. Nach Ende der Blütezeit drehen ihre Stiele sich wie eine Spirale zusammen und ziehen die Blüte unter die Wasseroberfläche. Hier entwickeln sich erst ihre Samen, steigen nach der Reife an die Wasseroberfläche, emporgehoben vom luftgefüllten Samenmantel. Vom Wasser an neue Standorte getragen sinken sie nach einiger Zeit auf den Grund und beginnen zu keimen.

Blick über die Seenplatte

WIE EINE SEENLANDSCHAFT ENTSTEHT

Zungen-Hahnenfuß *Ranunculus lingua*

Das Land der 1000 Seen – der Klang dieses Namens weckt Interesse, lässt Pflanzen- und Tierreichtum erahnen. Fast liegt ein Versprechen darin. Müritzsee, Specker See, Woblitzsee, Schweingartensee und unzählige große und kleine Gewässer mehr; daneben Moore, Erlenbruch, Kiefern und prächtiger alter Buchenwald.

Schattige Wasserwege und glitzernde Seeoberflächen, weite Schilfgürtel, düstere Kesselmoore, sandige Pfade unter lichten Kiefern oder dem Laubdach himmelhoher Buchen. Wie entstand diese wunderbare Endmoränenlandschaft? Durch das Abtauen der gewaltigen Eisschicht über dem Norden Europas bildeten sich riesige Eisstauseen und Wasserrinnen, die Schmelzwasserströme schoben Lehm, Kalk, Sand, Kies, Geröll und Erdmassen in die heutigen Mecklenburger Lande, bildeten Erhebungen und gruben Senken. Durch die Eiszeit, die vor 12 000 Jahren endete, wurde diese Landschaft wie von Künstlerhand erschaffen.

Sammler, Jäger und Fischer besiedeln die Region bereits in der Mittleren Steinzeit, später, in der Jungsteinzeit, wird Ackerbau und Viehzucht betrieben. Zahlreiche Hünen- und Steingräber um Ankershagen sind Zeugen der frühen Besiedlung während der folgenden Bronze- und Eisenzeit. Die Burganlagen im Feißnecksee bei Waren oder in Vipperow bezeugen die Anwesenheit slawischer Stämme.

Rote Lichtnelke *Silene dioica* und Echte Sternmiere *Stellaria holostea*

Und heute? Jedes Jahr besuchen unzählige Naturfreunde und Freizeitsportler den Nationalpark Müritz und erfreuen sich an Zungen-Hahnenfuß und Roter Lichtnelke. „Wir wollen, dass auch kommende Generationen eine Erde vorfinden, die lebenswert ist, die über eine große Vielfalt an Lebensräumen und Arten, sowie über gute Luft, sauberes Wasser, gesunde Böden und ein Höchstmaß an endlichen Ressourcen verfügt", so bittet der NABU Regionalverband Müritz um Unterstützung.

Priesterbäker See

GROSSER SEE ODER KLEINES MEER

Die Müritz, der zweitgrößte Binnensee Deutschlands, verändert sich ständig. Wasserspiegelschwankungen in den letzten 500 Jahren – vor allem durch menschliche Nutzung hervorgerufen – ließen umliegende Tümpel, Teiche, Moore und Seen entstehen, aber auch Heideflächen mit Trockenrasen. Rederangsee, Specker See und Hofsee waren einst Teil der Müritz. Der Name Müritz kommt übrigens aus dem Slawischen und bedeutet „kleines Meer". Dieses kleine Meer ist uns trotz aller Umweltveränderungen geblieben.

Am Ostufer der Müritz hat sich Wacholder ausgebreitet. Zart und sehr niedrig wächst hier die Kriech-Weide. Auf den Feuchtwiesen blühen Sumpf-Enzian und Sumpf-Löwenzahn, der Große Augentrost und Kriechender Sellerie sind hier so zahlreich vertreten wie sonst nirgends in Mecklenburg-Vorpommern. In den kurzrasigen, trockenen Wiesen stehen Baltischer Enzian, Kleines Knabenkraut und Aufrechter Ziest; auf mäßig feuchtem Grünland Breitblättriges Knabenkraut und Ährige Teufelskralle, Sumpf-Schwertlilie und Sumpf-Vergissmeinnicht schmücken die Ufer. In den flachen Gewässern breitet sich ein dichter Teppich von Wasserpflanzen aus. Im Herbst bietet der Flachwasserbereich östlich der Müritz bis zu achttausenfünfhundert Kranichen einen Rast- und Futterplatz. Mit lautem Trompeten verabschieden sie sich und gehen auf die weite Reise in den warmen Süden, ein unvergleichliches Schauspiel.

Sumpf-Schwertlilie *Iris pseudacorus*

Wacholderheide am Ostufer der Müritz

Ährige Teufelskralle *Phyteuma spicatum*

Wegwarte *Cichorium intybus*

Bittersüßer Nachtschatten *Solanum dulcamara*

Kriech-Weide *Salix repens*

Aufrechter Ziest *Stachys recta*

Sumpf-Vergissmeinnicht *Myosotis scorpioides*

Bruchwald mit Steifer Segge *Carex elata*

Gelbe Teichrose *Nuphar lutea*

FEUCHTGEBIETE IN GEFAHR

Die Seen, oft durch kleine Wasserarme miteinander verbunden, unterscheiden sich dennoch in der Beschaffenheit des Wassers. Diese ist abhängig von der Größe und Tiefe des Sees, seinem geologischen Untergrund, dem Wasserzufluss und somit dem Nährstoffgehalt. Je nach Art der Gewässer verändert sich auch ihr Bewuchs. Nur wenige der Mecklenburger Seen, wie der Drewitzer See, verfügen noch über wirklich klares Wasser. Einst nährstoffarme Seen sind durch intensive Landwirtschaft in weiten Teilen überdüngt, eutrophiert, wie der Fachbegriff lautet. Die Wärme der Sommermonate begünstigt ein extremes Algenwachstum. Das Wasser wird trübe, Wasserpflanzen am Grund des Sees sind durch den Lichtmangel in ihrer Existenz eingeschränkt. Nur in wenigen Seen mit großer Sichttiefe wachsen noch Armleuchteralge oder Braunmoosgrundrasen.

Verschiedenartige Moorformen wie Kesselmoore, Quellmoore, Versumpfungsmoore und Durchströmungsmoore trifft man auf den Wanderungen zwischen den Seen an. Eine Besonderheit sind die Kesselmoore. Sie befinden sich dort, wo vor geraumer Zeit ein dicker Eisbrocken liegen blieb,

Rasen-Segge *Carex cespitosa*

der allmählich abtaute, einen See bildete und schließlich versumpfte. Die Kesselmoore bewahren eine eigene Vegetation: Schmalblättriges Wollgras, Sumpf-Calla, Fieberklee und die Wasserfeder, Straußblütiger Gilbweiderich, die Moosbeere und das Sumpf-Blutauge.

Stillgewässer – kleine Seen, die nicht von Bächen durchströmt werden – säumen Röhrichte und Seggenriede, auch Riede aus Sauergräsern wie das Schneidried, oft Binsenschneide genannt. Es grünt selbst im Winter und bevorzugt schlammigen, kalkhaltigen Boden. Diese seltene Gefäßpflanze kommt in Deutschland nicht oft vor und steht in vielen Bundesländern auf der Roten Liste. Ihre Bestände sind durch die Absenkung des Grundwasserspiegels und durch Trockenlegen der Moore bedroht. Ebenfalls gefährdet die farbig blühende Rasen-Segge, die sich an einigen Stellen im Nationalpark noch finden lässt, wie auch die seltene Sumpf-Sternmiere und ihre häufigere Schwester, der Wasserdarm.

Gewöhnliche Moosbeere *Vaccinium oxycoccos*

Wasserdarm *Stellaria aquatica*

STILLE IM SERRAHNER BUCHENWALD

Serrahner Buchenwald

Sumpfdotterblume *Caltha palustris*

Das einst eingezäunte Jagdgebiet der Mecklenburg-Strelitzer Jagdfanatiker, später Naturschutzgebiet und Waldreservat, wurde im Juni 2011 zum UNESCO Weltnaturerbe ernannt. Der Serrahner Perlgras-Buchenwald bietet Botanikern die Möglichkeit, die natürliche Entwicklung des Waldes unter den heutigen schwierigen Umweltvoraussetzungen zu beobachten.

Ursprüngliche Buchen-, Kiefer- und Mischwaldbestände mussten einst der Urbarmachung weichen. Erst vor 200 Jahren wurden freie Flächen mit Kiefern aufgeforstet. Allmählich gesellen sich Eichen, Birken oder Vogelbeeren hinzu. Ursprüngliche Buchenbestände aus vergangenen Zeiten sind noch auf den Endmoränen rund um die kleine Siedlung Serrahn erhalten, zwischen Schweingartensee und Großem Serrahnsee. Viele Buchen sind mittlerweile 200 Jahre alt. Im Frühjahr sprießen unter ihren noch lichten Kronen Seidelbast, Hohler Lerchensporn, Wald-

Gewöhnlicher Teufelsabbiss *Succisa pratensis*

Hain-Veilchen *Víola riviniána*

und Hain-Veilchen, das Buschwindröschen und andere bekannte Frühblüher. Fast verlandete Kesselmoore bereichern das romantische Waldbild.

Uralte umgestürzte Baumriesen, mit Moos überzogen, von Pilzen besetzt, bröckeln, vermodern, werden zu humusreicher Erde, auf der Bucheckern treiben können. Neue Baumgruppen streben nach Licht, die Buche wird wieder zu alter Herrschaft gelangen. Wenn man die Natur wirklich Natur sein lässt, wird sie sehr schnell ihren einstigen Raum zurückerobern. Da sollte sich der Mensch zurücknehmen, das kann die Natur ganz allein.

Schweingartensee

INFOS

Mecklenburger Seen

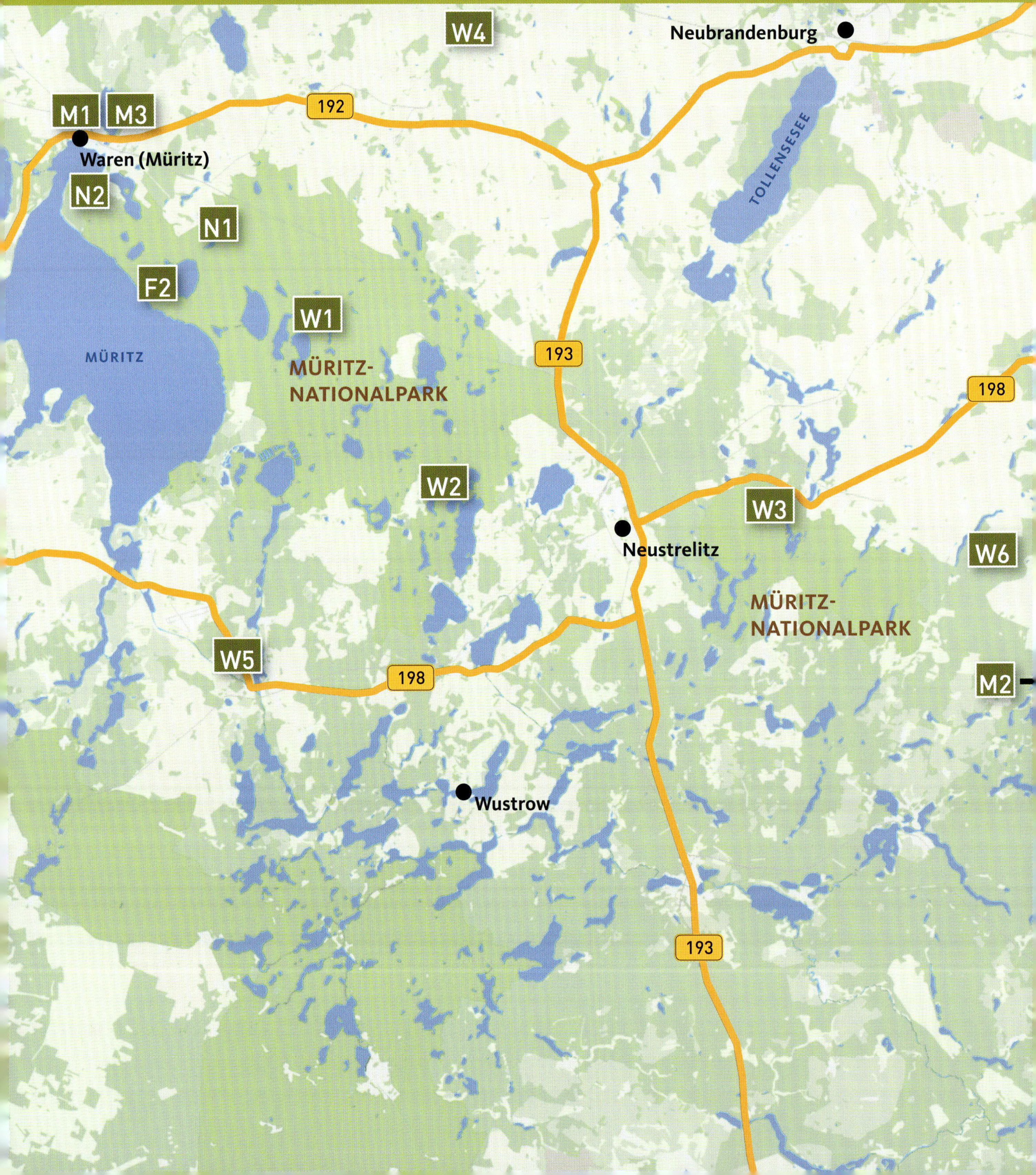

N1 EXKURSION IN DIE WILDNIS

Geführte Touren durch den Nationalpark Müritz bietet der Nationalpark-Service an. Im Fokus stehen die Beobachtungen von Kranichen und Adlern, Schmetterlingen und Insekten, aber auch die verschiedenen Lebensräume der Wälder und Moore werden erkundet, zu Fuß, mit dem Rad oder, wenn erforderlich, mit dem Bus. Das Haus der Nationalpark-Information liegt im Örtchen Federow.

Nationalpark-Service Müritz
Damerower Straße 6, 17192 Federow,
Tel. 03991/66 8849 www.nationalpark-service.de

N2 NABU MÜRITZ

Der Naturschutzbund Deutschland e.V. (NABU) möchte Menschen dafür begeistern, sich durch gemeinschaftliches Handeln für die Natur einzusetzen: „Wir wollen, dass auch kommende Generationen eine Erde vorfinden, die lebenswert ist, die über eine große Vielfalt an Lebensräumen und Arten, sowie über gute Luft, sauberes Wasser, gesunde Böden und ein Höchstmaß an endlichen Ressourcen verfügt."

„An Schwalbenzählung, Krötenwanderungen, Nistkastenreinigung und vielen Aufgaben können sie sich beteiligen – schauen Sie einfach bei uns vorbei!"

NABU Regionalverband Müritz
Müritzeum, Zur Steinmole 1,
17192 Waren/Müritz, Tel. 03991/670163
www.nabu-mueritz.de

M1 MÜRITZEUM

Natur kompakt für die Internetgeneration bietet das Naturerlebnis-Zentrum Müritzeum am Rande der Altstadt von Waren. Trotz seiner Fassade aus verkohltem Lärchenholz erinnert es an ein Raumschiff aus einem Science-Fiction-Film. Im Inneren bietet das futuristische Gebäude Einblicke in die Schönheiten und Besonderheiten der Mecklenburgischen Seenplatte und des Müritz-Nationalparks mit seinen Seen, Tieren und Pflanzen. Highlight ist das Maränenbecken – seine sechs Meter hohe Frontscheibe erstreckt sich über zwei Etagen – sowie weitere vierundzwanzig naturnah gestaltete Aquarien. Aber nicht nur die Lebensräume unter Wasser werden präsentiert, weitere Ausstellungen sind dem Wald, dem Moor und der Eiszeit gewidmet.

Müritzeum
Zur Steinmole 1, 17192 Waren/Müritz,
Tel. 03991/63368-0 www.mueritzeum.de

M2 FELDBERGER WIESENPARK

Den südöstlichen Bereich der Mecklenburgischen Seenplatte wird als Feldberger Seenlandschaft bezeichnet. In der jüngsten Endmoränenlandschaft Europas trifft man auf klare Seen, alte Buchenwälder und im Wiesenpark Feldberg auf wilde Orchideen, zum Beispiel das Breitblättrige Knabenkraut.

Der Feldberger Wiesenpark betrachtet sich als kombinierter Museums-Naturschutz-Erholungs-Park, ist aber eine Blumenwiese, wie man sie nur selten findet. Auf den Rundwanderwegen erfährt man fast alles über die vorkommenden Pflanzen und Tiere, aber auch über die Intensität der Bewirtschaftung, die die Struktur der Wiese bestimmt. Die örtliche Gemeindeverwaltung bietet Führungen durch den Park an; jährlicher Höhepunkt ist eine geführte Sommerwanderung.

Kurverwaltung Feldberg
Prenzlauer Straße 2, 17258 Feldberg,
Tel. 039831/250

M3 NABU WILDPFLANZENGARTEN

2012 richtete der NABU an der Herrenseebrücke in Waren (ganz in der Nähe des Müritzeums) einen Wildpflanzengarten ein. Auf 650 m^2 werden etwa 240 verschiedene Kräuter, Sträucher und Bäume vorgestellt, die in der unmittelbaren Umgebung wild vorkommen.

F2 Wacholderheide

Öffnungszeiten sind von April bis Oktober am Donnerstag zwischen 16 und 18 Uhr. Führungen können auch zu anderen Zeiten stattfinden. Bitte telefonisch anmelden: Tel. 03991/122437.

NABU Regionalverband Müritz
Müritzeum, Zur Steinmole 1, 17192 Waren/Müritz,
Tel. 03991/670163 www.nabu-mueritz.de

F1 GPS-ERLEBNISTOUREN

GPS-Guides ermöglichen eine sichere Orientierung im Nationalpark und bringen durch interessante Audio-Beiträge dem Besucher die Lebensräume zahlreicher Pflanzen und Tiere, die Wälder, Seen und Moore näher. Neun Routen stehen zur Auswahl, dazu eine Radtour. Der persönliche GPS-Begleiter ist kinderleicht zu bedienen und auch für Naturfreunde mit eingeschränkter Sicht geeignet. Die Geräte werden in den Nationalparkstationen Federow, Schwarzenhof und Gutshaus Boek ausgeliehen. Auf der Internetseite des Nationalparks kann unter Service ein Flyer mit Kurzbeschreibungen aller Erlebnistouren heruntergeladen werden.

www.mueritz-nationalpark.de

F2 WACHOLDERHEIDE

Die Wacholderheide an der Müritz steht unter strengem Naturschutz und kann nur im Rahmen einer Führung betreten werden. Die kostenpflichtige Exkursion berichtet über die Geschichte des Müritz-Ostufers und ist auch ornithologisch und botanisch außerordentlich spannend. Die dreistündige Tour wird von Mai bis September immer dienstags um 11 Uhr angeboten.

Treffpunkt ist der Müritzhof, der aber nicht mit dem Auto erreichbar ist. Parkmöglichkeiten bestehen an den Eingängen zum Nationalpark in Federow und Waren. Informationen und Buchungen sind unter „Touren" auf der Internetseite verfügbar.

www.nationalpark-service.de

W1 MÜRITZ NATIONALPARK

Eine längere Wanderung, die sich aber mit dem Fahrrad sehr gut bewältigen lässt, umrundet den Priesterbäker See, Hof See und Specker See und berührt einige der interessantesten Lebensräume im Nationalpark. Die Tour beginnt mitten in der Schutzzone beim Gutsdorf Speck, bekannt für seine über 800 Jahre alte Linde. Bis hierher kommt man mit dem Auto oder Bus; zu Fuß oder mit dem Rad geht es weiter in Richtung Käflingsbergturm, der etwas abseits des Weges liegt. Von seiner Aussichtsplattform in 31 Meter Höhe überblickt man die Seenlandschaft in ihrer ganzen Weite, ein überwältigender Anblick.

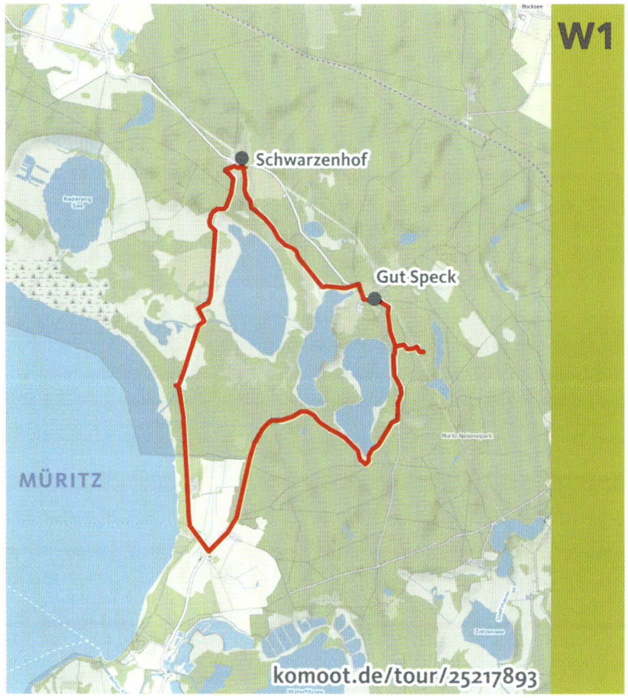

Durch den Wald verläuft die Tour weiter in Richtung Boek. Ein Abstecher führt in das eigentümliche Binnendünenfeld nördlich des Ortes. Die bis sechs Meter hohen Dünen entstanden durch Flugsand und sind heute von Wald bedeckt.

In Boek ist Zeit für eine Rast. Frisch gestärkt hält man sich in der ovalen Ortmitte rechts in Richtung Schwarzenhof und erreicht bald die Binnenmüritz. Gleich zwei Seen tragen den Namen Binnenmüritz: das Nordende des Müritzsees bei Waren und das etwa 790 Meter lange und maximal 450 Meter breite Gewässer links des Weges. Vor 200 Jahren war diese

W1 Radwanderung an der Müritz

W1 Specker Linde

Binnenmüritz aufgrund eines höheren Wasserstandes direkt mit dem Müritzsee verbunden, wie der Specker See, Hofsee und Priesterbäker See auch. Heute umgibt ein breiter Moor- und Schilfrohrgürtel mit Seggen-Horsten, Erlenbrüchen und abgestorbenen Birken den See. Einen guten Blick über Binnenmüritz und Specker See ermöglichen die beiden Aussichtstürme am Wanderweg. Im Moor wachsen die typischen Pflanzen: Wollgras, Sumpfporst, Sonnentau, Moosbeere, selbst die elegante Sumpf-Calla und die gelb leuchtende Sumpfdotterblume.

In Schwarzenhof wählt man fürs Fahrrad die Landstraße nach Speck, Fußgänger bevorzugen den Nationalpark-Wanderweg, der näher an den Seen verläuft.

Ausgangspunkt: Speck, Länge: 21 km; zu der Radwanderung kann ein GPS-Audioführer ausgeliehen werden (siehe F1).

W2 SEEROSEN

Wunderschön blühen die Seerosen im Frühsommer auf dem Görtowsee, östlich von Blankenförde mitten im Nationalpark. Etwa einen Kilometer außerhalb des Ortes, direkt am Görtowsee, liegt die Pension Fischerhaus mit einem Zeltplatz und Paddelbootverleih. Nur eine halbe Stunde mit dem Boot und das Südende des Sees, auf dem sich die weißen Blüten wie ein Teppich auf der Wasseroberfläche ausbreiten, ist erreicht. Die Havel verbindet den Görtowsee zudem mit vielen weiteren Seen.

Pension Fischerhaus
Fischerhaus 1, 17252 Mirow OT Blankenförde,
Tel. 039829/20212

www.pensionfischerhaus.de

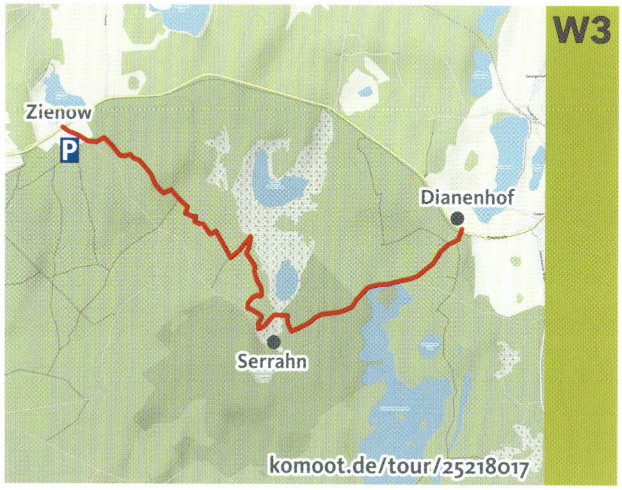

W3 ALTE BUCHENWÄLDER

Der seit 2011 als UNESCO Weltnaturerbe ausgezeichnete alte Buchenwald bei Serrahn liegt etwas abseits vom Nationalpark Müritz, östlich von Neustrelitz. Von Zinow an der B198 führt ein Wald-Erlebnis-Pfad zu dem kleinen Ort Serrahn. Über einen Moorsteg ist der winzige Ort erreichbar. In der Ausstellung *Im Reich der Buchen* wird über die Lebewesen, die sich in diesen Wäldern heimisch fühlen, berichtet.

Weiter geht es auf einem der schönsten Wege des Nationalparks mit der Markierung Grünes Buchenblatt durch das urwüchsige Weltnaturerbe am Schweingartensee.

Familien mit kleinen Kinder werden die kürzere Runde (etwa acht Kilometer) bevorzugen; sie führt von Serrahn auf dem Fahrweg zurück nach Zinow. Eine barrierefreie Tour über etwa fünf Kilometer in

W2 Seerosen im Görtowsee

W2 Haubentaucher

das Weltnaturerbe beginnt in Dianenhof bei Carpin, führt nach Serrahn und auf dem gleichen Weg zurück.

Nationalpark-Ausstellung Serrahn
Forsthaus Serrahn, 17237 Zinow,
Tel. 039821/4150-0

www.mueritz-nationalpark.de

W4 IVENACKER EICHEN

Beeindruckende alte Eichen ragen am Ortsausgang des Dörfchens Ivenacker in den Himmel. Die über 1000 Jahre alten Stieleichen sind zu archaischen Riesen herangewachsen und zählen zu den bedeutendsten Naturdenkmälern Deutschlands. Ursprünglich waren die Eichen als Hudewald angelegt, in dem die Mönche des Zisterzienserklosters im Mittelalter ihr Vieh weiden ließen. Heute weist der mächtigste Stamm eine Höhe von 35 Metern und einen Umfang von 11 Metern auf. Zur Erhaltung und zur Pflege der Eichen versucht man in Ivenacker weitgehend die natürlichen Bedingungen des Hudewaldes zu bewahren, unter denen die Eichen so alt werden konnten. Im Oktober 2014 wurde ein Naturerlebnispfad eingerichtet; inzwischen wird sogar die Einrichtung eines weiteren Baumkronenpfads geplant. Ivenacker liegt in der Nähe von Stavenhagen, das über die B194 oder B104 erreicht werden kann. Ausführliche Informationen gibt die Webseite des Landesforst Mecklenburg-Vorpommern unter „Forstamt Stavenhagen“.

www.wald-mv.de

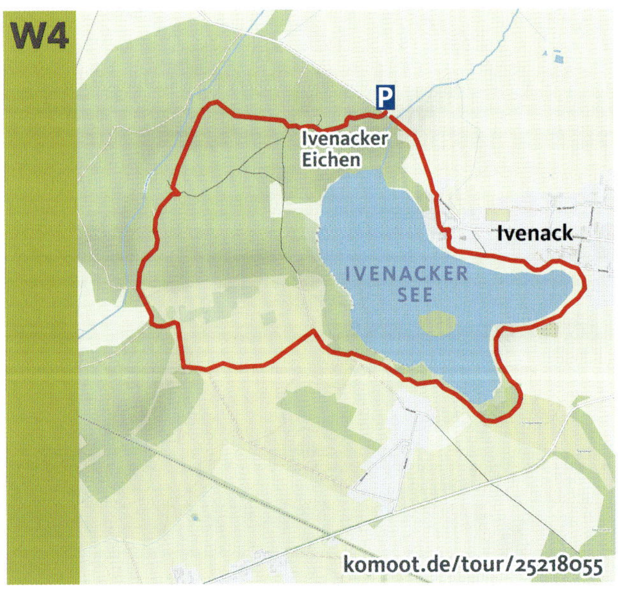

W5 Kanutour auf der Havel

W5 WASSERWANDERN

Wer Haubentauchern und Seerosen so richtig nahe kommen möchte, wem das dumpfe Rufen der Rohrdommeln Musik in den Ohren ist, der sollte das Land der 1000 Seen mit dem Boot erkunden. Die Kanubasis in Mirow vermietet nicht nur Boote, sondern hält auch viele Tipps zu Naturbeobachtungen bereit.

Eine geführte Tagestour Alte Fahrt wird im Juli und August jeweils am Dienstag und Donnerstag angeboten. Sie führt vom Mirow See über verschiedene andere Seen zum Carpsee und zurück. Mit einer Länge von ca. 24 Kilometern recht sportlich, es gibt aber auch eine entspannte 14-Kilometer-Variante.

Die große Nationalpark-Rundfahrt dauert 5 bis 7 Tage, in dieser Zeit sind ungefähr 63 Kilometer im Boot zu bewältigen. Da bleibt genug Zeit für die geruhsame Naturbeobachtung. Zahlreiche Campingplätze an den Seeufern bieten Möglichkeiten zum Übernachten. Das

Faltblatt Wasserwandern im Müritz-Nationalpark mit Adressen und Tipps für Kanutouren ist bei Bootsverleihern oder in den Nationalpark-Infos erhältlich.

Wasserwanderstation Mirow
An der Clön, 17252 Mirow,
Tel. 039923/7160 www.kanubasis.de

In unmittelbarer Nähe zur Kanustation liegt die Jugendherberge Mirow, die zudem über einen eigenen Zeltplatz verfügt.

Jugendherberge Mirow mit Zeltplatz
An der Clön 2, 17252 Mirow,
Tel. 039833/26100 www.jugendherberge.de

W6 HEILIGE HALLEN

Im Naturpark Feldberger Seenlandschaft liegt der sehr alte Buchenwald Heilige Hallen. Den eigentümlichen Namen erhielten die hohen Bäume, weil sie an gotische Kirchen erinnern. Viele der Bäume sind über 50 Meter hoch, ihr Alter wird auf mehrere hundert Jahre geschätzt. Einige der Baumriesen haben ihr Höchstalter erreicht und sind umgestürzt; sie bleiben an Ort und Stelle liegen. Die Heiligen Hallen wurden im Jahre 1938 zum Naturschutzgebiet erklärt, das Gelände umfasst etwa 25 Hektar. Dorthin gelangt man auf der Landstraße L341, das Naturschutzgebiet befindet sich bei Lüttenhagen.

Naturpark Feldberger Seenlandschaft
Strelitzer Str. 42, 17258 Feldberger Seenlandschaft
OT Feldberg, Tel. 039831/5278-0
www.naturpark-feldberger-seenlandschaft.de

W5 Ufer an der Müritz

Küsten der Ostsee

STRANDDISTEL
ERYNGIUM MARITIMUM

Die Stranddistel bohrt sich mit ihrer Pfahlwurzel bis zu zwei Meter tief in den Sandboden. Sie gehört übrigens nicht zu den Disteln, sondern zu den Doldenblütlern und steht seit fast 100 Jahren unter Naturschutz, was sie aber nicht davor bewahrt hat, auf der Liste der stark gefährdeten Arten zu landen. Einigen Ostseebesuchern ist die Stranddistel vielleicht als Ärgernis beim Sonnenbad in Erinnerung; sie wurde wohl allzu oft herausgerissen, auch für Trockensträuße.

Sagenhafte Kreidefelsen auf Rügen

DIE SAGE VOM UNTERGANG VINETAS

Blasentang *Fucus vesiculosus*

Wer vermag sich schon dem grandiosen Zauber der weißen Felsen, dem Rauschen der Brandung und der Stille des Buchenwaldes entziehen? Diese Sinfonie aus Felsen, Wald und Meer verführt ins Land der Träume.

Wo heute Ostseewellen an den Strand schlagen, türmten sich einst Eisberge viele hundert, ja tausend Meter auf. Einmal mehr stoßen wir auf die Eiszeit, sie kann einfach nicht unerwähnt bleiben. Bis hierher waren also die Gletscher von Norden her vorgedrungen. Das war vor 18 000 Jahren in der sogenannten Weichsel-Eiszeit, dann begann das Eis zu tauen und zog sich zurück.

Auf dem Gebiet der heutigen südlichen Ostsee sammelte sich Schmelzwasser an. Mehrfach bahnte sich das aufgestaute Süßwasser eine Verbindung zur Nordsee, aber erst vor 8000 Jahren entstand der Durchfluss im Bereich der Dänischen Inseln. Durch ihn gelangte nicht nur Salzwasser, sondern auch die kleine Schnecke Litorina in das Binnenmeer, das nach ihr Litorina-Meer benannt

Gewöhnlicher Strandhafer *Ammophila arenaria*

wurde. Dieses Brackwassermeer wird als Vorläufer unserer Ostsee betrachtet, auch wenn sich der Küstenverlauf mehrmals dramatisch verändern sollte: Das Land südlich von Bornholm senkte sich ab, Meerwasser strömte nach. Über 28 Meter stieg der Meeresspiegel an und es kam zu katastrophalen Überflutungen, die sich ins Gedächtnis der Menschen eingegraben haben. In der Sage vom untergegangen Vineta spiegeln sich solche dramatischen Schicksalsschläge.

Wilde Küste am Darß

BLÜHENDE KÜSTENLANDSCHAFTEN

Gewöhnliche Ochsenzunge
Anchusa officinalis

Im Süden der Ostsee bildeten sich im Verlauf der letzten Jahrtausende spezielle Küstenformen aus: Nehrungen, Sandhaken, Windwatte und Kliffe. Auffällig sind die flachen Meeresbuchten, je nach Region Bodden, Noor oder Haff genannt. Dazu zählen neben vielen anderen der Zingster und der Greifswalder Bodden. An den sandigen Küstenstreifen entfalten sich Gewöhnliche Ochsenzunge und Scharfer Mauerpfeffer, unter lichten Kiefern auch die Heidelbeere.

Das Röhricht der Boddenlandschaft unterscheidet sich erheblich von dem der Süßwasserseen und Flüsse, obgleich äußerlich kaum ein Unterschied zu erkennen ist. Brackwasserröhrichte kommen nur an wenigen Stellen in Deutschland vor. Auf der Landseite geht das Röhricht häufig in feuchte Wiesen und Weiden mit Sumpfdotterblume, Rauhaarigem Weideröschen, Baldrian, Beinwell, Lichtnelke und Bach-Nelkenwurz über. Teilweise schließen sich Gebüsche mit Heckenrosen und dem zart blühenden Wald-Geißblatt an.

Die Salzwiesen an der Ostsee sind alte Kulturlandschaften, die seit Jahrhunderten bewirtschaftet und gepflegt wurden. Die hier gedeihenden Gräser und Pflanzen fressen Rinder gerne, da sie sehr würzig sind. Entsprechend gut schmecken ihre Milch und die daraus hergestellte Butter und der Käse. Aus wirtschaftlichen Gründen weiden immer weniger Tiere auf diesen Wiesen, so dass Röhrichte die Salzwiesenflora zurückdrängen.

Hinter den Strandwällen

Heidelbeere *Vaccinium myrtillus*

Wald-Geißblatt *Lonicera periclymenum*

Rauhaariges Weidenröschen *Epilobium hirsutum*

Bach-Nelkenwurz *Geum rivale*

Sumpf-Schafgarbe *Achillea ptarmica*

Scharfer Mauerpfeffer *Sedum acre*

Boddenlandschaft mit Bock und Hiddensee

DER KRIEG DER ROSEN

Braunrote Stendelwurz *Epipactis atrorubens* auch Strandvanille genannt

Eine Rose ist eine Rose ist eine Rose ist eine Rose. Ob die berühmte Sentenz der amerikanischen Schriftstellerin Gertrude Stein auf die Kartoffelrose gemünzt war, wissen wir nicht. Die Kartoffelrose (*Rosa rugosa*) kommt ursprünglich aus Ostasien und ist seit dem 19. Jahrhundert bei uns fest eingebürgert. Die frostharte Zierpflanze schmückt als Hecke oder Solitärstrauch zahlreiche Gärten, Straßenränder und Feldflure. Auch wird sie an unseren Küsten gerne zur Dünenbefestigung angepflanzt. Daher stammt fälschlicherweise die Bezeichnung Dünenrose. Die echte Dünenrose (*Rosa spinosissima*) – zu erkennen an ihren schwarzen Hagebutten – findet man in Deutschland allerdings nur auf Sylt, Amrum und Föhr sowie auf einigen Ostfriesischen Inseln.

Für Insekten und Vögel hält die Kartoffelrose reichlich Nahrung bereit, auf der anderen Seite verdrängt sie zunehmend die typische Dünenvegetation. Das ist der Grund, dass sie an den Dünen bekämpft werden soll und nur an Wegen und in Siedlungen wachsen darf. Das Zurückdrängen der Kartoffelrose hat sich allerdings als schwierig herausgestellt, da die Pflanze selbst

Halbinsel Bug

nach dem Herausreißen sehr schnell aus Wurzelresten wieder aufblüht. Naturschutz kann ganz schön kompliziert sein.

Eine eigenwillige Landschaft entsteht durch das Aufspülen hoher Strandwälle, die Dünen. Strand- und Dünenpflanzen kommen mit nährstoffarmen, lockeren Sandböden aus. Sie entwickeln verzweigte Wurzelstöcke und halten so harten Winden und Überspülungen stand. Auf engstem Raum siedeln der mehrjährige Meerkohl, Salzmiere und Meersenf, Grasnelke, Strand-Platterbse und das stachelige Küsten-Salzkraut. Die Stranddistel ist heute durch Maßnahmen des Küstenschutz, durch Verbiss häufig vorkommender Kaninchen und auch durch die Ausbreitung der Kartoffelrose selten geworden. Auch der nach Vanille duftende Schwarzrote Sitter lässt sich kaum noch finden.

Kartoffelrose *Rosa rugosa*

Strand-Platterbse *Lathyrus japonicus*

AUF DEN SPUREN CASPAR DAVID FRIEDRICHS

Rügener Kreidefelsen

Stattliches Knabenkraut *Orchis mascula*

Malerisch und schroff sind die Kreidefelsen der Halbinsel Jasmund im Osten von Rügen. Unwillkürlich verbinden wir in unserem kollektiven Gedächtnis diese Kreidefelsen mit dem berühmten Gemälde des romantischen Malers Caspar David Friedrich. Die Felsen entstanden wie ihre Schwestern auf der dänischen Insel Møn in der Kreidezeit vor 67 Millionen Jahren. Damals erstreckte sich von der englischen Kanalküste bis zur Krim eine Meeresbucht, auf deren Grund sich Kreide ablagerte. Mit dem Ende der Weichsel-Eiszeit trat diese ans Tageslicht.

Unverrückbar muten die Steilküsten an, doch der Eindruck täuscht. Die sandige Küste der Ostsee ist nach wie vor einer starken Küstendynamik ausgesetzt. Auch die Kreidefelsen am Jasmund sind ständiger Veränderung unterworfen, immer wieder stürzen Kreideklippen auf den Strand und reißen ganze Waldstücke mit sich. Im Februar

Echte Sternmiere *Stellaria holostea*

Maiglöckchen *Convallaria majalis*

2004 brachen die berühmten Kreidefelsen, die Wissower Klinken, ab und bedeckten den Strand mit 50 000 m³ Kreide und Geröll.

Hoch über dem Meer krönt ein uralter, unversehrter Buchenwald die imposante Steilküste. Sein dichtes Laubdach duldet keine Konkurrenz anderer Bäume, selbst der Waldboden ist nur spärlich bewachsen; Sternmiere, Buschwindröschen und Maiglöckchen haben im Schatten der Bäume eine Chance. Umso überraschender sind die Orchideen unterhalb der Kreidefelsen; direkt am Strand sonnen sich das Gefleckte und das Stattliche Knabenkraut.

Buchenwald auf dem Jasmund

INFOS
Küsten der Ostsee

N1 KREIDEFELSEN

Das Gebiet der Kreidefelsen auf der Rügener Halbinsel Jasmund ist der kleinste Nationalpark Deutschlands. Der Buchenwald auf dem Jasmund wurde zusammen mit vier weiteren Wäldern Deutschlands am 25. Juni 2011 zum UNESCO-Weltnaturerbe ernannt. Auf dem Königsstuhl, mit 118 Metern die höchste und bekannteste Klippe, befindet sich das Nationalpark-Zentrum. Vom Parkplatz Hagen an der Straße zwischen Sassnitz und Lohme ist der Königsstuhl zu Fuß durch den Buchenwald oder mit dem Shuttle-Bus zu erreichen. Für den Zugang zum Aussichtspunkt und das Nationalparkzentrum wird in der Zeit von 9 bis 19 Uhr (im Winter bis 17 Uhr) ein beachtlicher Obolus erhoben. Der Abstieg zum Strand über steile Treppen ist frei zugänglich.

Nationalpark-Zentrum Königsstuhl
Stubbenkammer 2, 18546 Sassnitz,
Tel. 038392/66170 www.koenigsstuhl.com

N2 BODDENLANDSCHAFT

Mit der Ostseeküste verbinden die meisten Menschen Sand, Sonne und Ferien. Der Nationalpark Vorpommersche Boddenlandschaft bemüht sich, Urlaubern und anderen Gästen die einzigartige Natur der Boddenlandschaft nahe zu bringen. Dazu wurden in der weitläufigen Region des Nationalparks mehrere Informationshäuser eingerichtet:

- Sundische Wiese bei Zingst
- Barhöfter Kliff mit Aussichtsturm
- Vitte auf Hiddensee
- Waase auf Ummanz
- Bug bei Dranske/Rügen

Weitere Informationseinrichtungen anderer Träger ergänzen das Angebot:

- Darßer Arche in Wieck
- Kranichzentrum Groß Mohrdorf
- Natureum Darßer Ort

Nationalparkamt Vorpommern
Im Forst 5, 18375 Born, Tel. 038234/502-0
www.nationalpark-vorpommersche-boddenlandschaft.de

N3 BIOSPHÄRENRESERVAT

Das Biosphärenreservat Südost-Rügen wurde 1990 gegründet und 1991 von der UNESCO anerkannt. Auf kleinstem Raum sind alle Landschafts- und Küstenformen des mecklenburg-vorpommerschen Küstenraumes zu finden: Neben Wäldern prägen Weiderasen das Bild der Landschaft. Auf den Trockenrasen gedeihen Pflanzen in großer Vielfalt. Die Salzwiesen am Bodden werden höchstens vier- bis fünfmal im Jahr überflutet, wenn Stürme den Meeresspiegel ansteigen lassen. Ihre ursprüngliche Artenvielfalt konnte sich die Strand- und Dünenvegetation bewahren.

Das ehemalige Forst- und Gästehaus der Fürsten zu Putbus, das Granitzhaus, beherbergt seit 2004 das Informationszentrum des UNESCO-Biosphärenreservats Südost-Rügen.

Granitzhaus
Jagdschloß Granitz 1, 18609 Binz,
Tel. 038301/8829-0
www.biosphaerenreservat-suedostruegen.de

M OZEANEUM

Die Attraktion für Meeresfreunde ist das Ozeaneum in Stralsund mit seiner faszinierenden Unterwasserreise durch die nördlichen Meere. Der moderne Bau inmitten der mittelalterlichen Backsteinhäuser am Hafen soll vom Meerwasser umspülte Steine symbolisieren.

Das Herzstück der Aquarien bildet das Becken *Offener Atlantik*. Das im Durchmesser 17 Meter große

M Ozeanum Stralsund

und neun Meter tiefe Rundbecken erstreckt sich über zwei Ebenen. Durch ein 50 Quadratmeter großes Panoramafenster blickt der Besucher auf große Makrelenschwärme, entdeckt verschiedene Rochenarten, Zackenbarsche und Drückerfische. Auch die fast drei Meter lange Sandtigerhai-Dame Niki zieht hier ihre Runden. Auf dem Meeresgrund, eine Etage tiefer, liegt ein großes Pottwal-Skelett, von Ammenhaien bevölkert. Ein weiteres Aquarium befasst sich mit der Unterwasserwelt der Ostsee.

Ozeaneum
Hafenstr. 11, 18439 Stralsund,
Tel. 03831/2650610 www.ozeaneum.de

F1 WEISS DER GEYER

Der Kräutergeyer weiß viel zu erzählen: Im Biosphärenreservat Südost-Rügen bietet der Naturführer René Geyer Wild- und Heilkräuterwanderungen an, aber auch Führungen zu den Hünen- und Hügelgräbern, Abendwanderungen in den Sonnenuntergang sowie Sagen- und Mythenwanderungen bei Lancken-Granitz. Kontaktmöglichkeit gibt es auf seiner Webseite.

www.naturgeyer.de

F2 BUG

Südlich von Dranske im Nordwesten Rügens schließt sich der Sandhaken des Bugs an, der nur im Rahmen einer sehr empfehlenswerten Führung betreten werden darf. Dabei erfährt man viel über die Geschichte dieser Halbinsel, über die ständige Veränderung der Landschaft sowie über eine reiche Flora und Fauna. Die Anmeldung erfolgt über das Fremdenverkehrsamt in Dranske.

Fremdenverkehrsamt Dranske
Karl-Liebknecht-Str. 41, 18556 Dranske,
Tel. 038391/89007 www.gemeinde-dranske.de

F3 GRASWARDER

Die Nehrung Graswarder, ein Naturschutzgebiet, das sich an den Badestrand des alten Fischerortes Heiligenhafen vor der Insel Fehmarn anschließt. Nur unter der Führung von Naturschutzwarten kann diese beeindruckende und artenreiche Strandwall- und Strandwiesenlandschaft betreten werden. Von Ostern bis Oktober beginnen täglich um 10.30 Uhr und 15 Uhr die Führungen im Naturzentrum Graswarder mit einem einführenden Dia- oder Filmvortrag.

NABU Station auf dem Graswarder
Graswarder, 23774 Heiligenhafen,
Tel. 04362/6947 www.graswarder.de

W1 Wissower Klinken (historische Aufnahme)

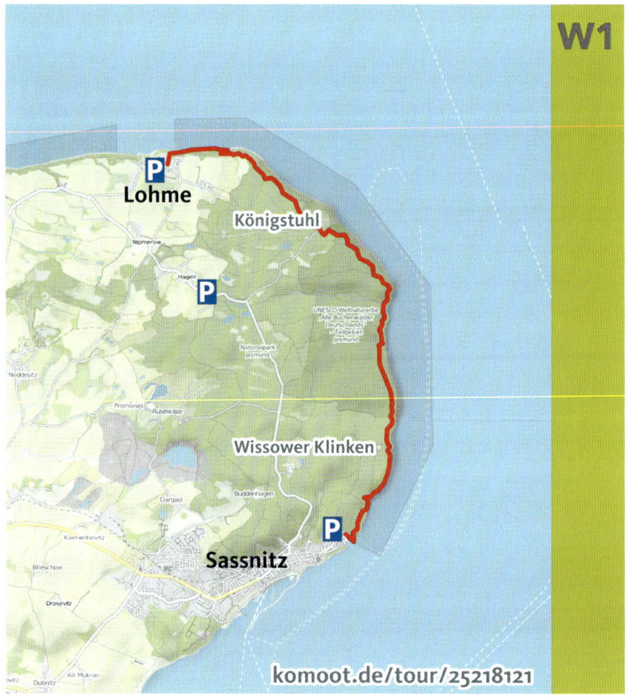

W1 KREIDE-WANDERUNG

Zu den Kreidefelsen des Jasmund führt von dem einstigen Fischerdorf Lohme ein vier Kilometer langer Weg durch den herrlichen Buchenwald bis zum Königsstuhl, eine schöne Tour zu jeder Jahreszeit, an heißen Sommertage aber geradezu ideal.

Alternativ der Weg von der Hafenstadt Sassnitz über den Strand direkt unterhalb der steil aufragenden Kreidefelsen bis zum Königsstuhl. Über Treppen steigt man hoch zum Steilufer mit den bekannten Aussichtspunkten Wissower Klinken und Ernst-Moritz-Arndt-Sicht.

Es lohnt sich, beide Touren zu kombinieren: Der 12,6 Kilometer lange Hochuferweg zwischen Sassnitz und Lohme oberhalb der berühmten Rügener Kreideküste wurde 2012 als Deutschlands schönster Wanderweg ausgezeichnet.

www.lohme.de
www.sassnitz.de

W2 HIDDENSEE

Die autofreie Ferieninsel Hiddensee liegt mitten im Nationalpark Vorpommersche Boddenlandschaft. Fähren verkehren von Stralsund und von Schaprode

W3 Am Darßer Ort

auf Rügen. Leider werden auf Hiddensee immer weniger naturkundliche Führungen angeboten. Auf eigene Faust lässt sich durch die Dünenheide spazieren, beliebt ist eine Fahrradtour zum Dornbusch an der Nordspitze der Insel oder ein Ausflug zum Alten Bessin, um Vögel zu beobachten.

Nationalparkhaus Hiddensee
Norderende 2, 18565 Vitte/Hiddensee,
Tel. 038300/68041

www.nationalpark-vorpommersche-boddenlandschaft.de
www.seebad-hiddensee.de
www.reederei-hiddensee.de

W3 WESTSTRAND

Die zehn Kilometer lange Wanderung entlang des urzeitlich anmutenden Weststrandes vom Badeort Ahrenshoop bis zum Leuchtturm Darßer Ort ist ein echtes Erlebnis! Vom 35 Meter hohen Turm, der 1848 errichtet wurde, schweift der Blick über den Weststrand, den Darßer Urwald und bei klarer Sicht bis zur dänischen Ostseeinsel Møn. Zum Leuchtturm gehört heute das Natureum, eine Außenstelle des Meeresmuseums Stralsund. Die Ausstellung im Natureum gibt einen Überblick über den Nationalpark Vorpommersche Boddenlandschaft und speziell zum Darßer Ort.

Live erleben lässt sich das bei einem Rundgang auf Holzstegen über die nördliche Landzunge der Halbinsel Darß. Wegen der seltenen Pflanzen und der hier zahlreich brütenden Seevögel darf die davor gelagerte handflache Bernsteininsel nicht betreten werden.

Natureum
Darßer Ort 1–3, 18375 Born a. Darß,
Tel. 038233/304 www.meeresmuseum.de

W2 Blaue Scheune auf Hiddensee

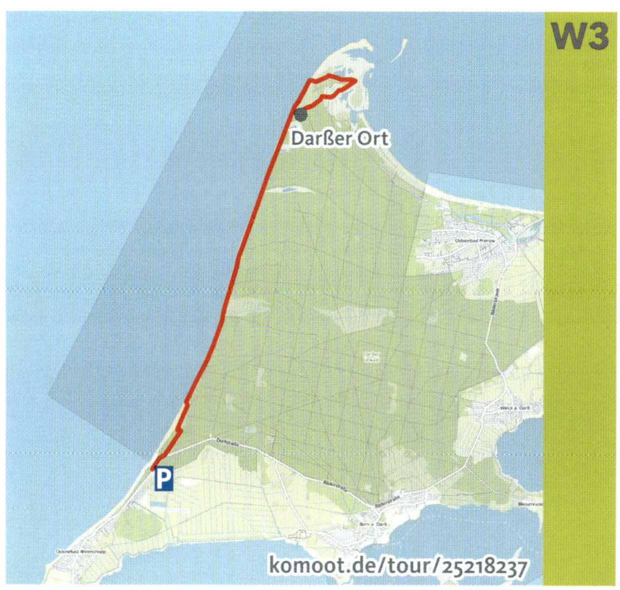

W1 Viktoriasicht am Königsstuhl

W4 DÜNE PRAMORT

Von der Nationalparkstation Sundische Wiese auf der Halbinsel Zingst führt ein Wanderweg zur Hohen Düne Pramort. Die Sundische Wiese ist vom Badeort Zingst mit dem Auto zu erreichen, weiter geht es nur zu Fuß oder mit dem Fahrrad. Ein Fahrradverleih befindet sich in unmittelbarer Nähe. Acht Kilometer weiter erleichtert ein Beobachtungstand im Herbst das Erspähen Tausender Kraniche. Kurz vorher zweigt ein Weg zur Hohen Düne ab, es ist das größte unbewaldete Weißdünenfeld an der Ostsee. Die letzten Meter durch die Dünen verlaufen über einen Bohlensteg, um Besenheide, Kriech-Weide und Knabenkräuter zu schützen.

W5 MEER-WANDERUNG

Der Gespensterwald bei Nienhagen, westlich von Warnemünde, wirkt in der Dämmerung oder bei dichtem Nebel mystisch. Seine Buchen hoch oben auf der Küste werden von heftigen Winden geformt, ein Fest für motivhungrige Fotografen. Der Wald liegt direkt westlich des Ortes und ist über die Strandpromenade leicht zu erreichen.

www.ostseebad-nienhagen.de

W5 Gespensterwald Nienhagen

L NATURPARADIES OSTSEE

In 43 überaus lehrreichen Erlebnistouren nehmen die Autoren Fritz Gosselck und Bruno Kremer ihre Leser mit zu den schönsten Naturparadiesen rund um die Ostsee. Wer sich für Tiere, Pflanzen und Landschaften interessiert, kommt um diesen schön bebilderten Reiseführer nicht herum. Außer der deutschen Ostseeküste, die auf über 100 Seiten ausführlich beschrieben wird, stehen alle weiteren Anreiner auf dem Programm.

Fritz Gosselck, Bruno P. Kremer: Naturparadies Ostsee, Quelle & Meyer, 2016

www.verlagsgemeinschaft.com

W3 Darßer Weststrand

Wattenmeer der Nordsee

QUELLER

SALICORNIA EUROPEA

Wo täglich zweimal das salzige Meerwasser den Sand überspült, da fühlt sich diese urige Pflanze wohl. Der Queller verfärbt sich im Laufe des Sommers von Grün zu Neonrot, da er ständig Wasser aufnimmt, um das gespeicherte Salz zu verdünnen. Diese kurzlebige Pflanze hält sich nur von April bis Oktober, dann müssen ihre Samen die lange Winterzeit überstehen. Im nächsten Frühjahr kann man dann erneut dieses sonderbare Gewächs bestaunen.

Das flutende Meer

EIN LEBEN MIT EBBE UND FLUT

Meersenf *Cakile maritima*

Das Leben an der Küste ist hart, für den Menschen wie für Tiere und Pflanzen. Naturereignisse wie die Sturmflut von 1962 bleiben in Erinnerung. Erst im Gedächtnis der nachfolgenden Generationen verblassen die Bilder der tobenden Winde, der heranstürzenden Wassermassen. Schlagen wir nach: Immer wieder mussten die Küstenbewohner schwere Sturmfluten überstehen wie die Große Mandränke 1362, als der sagenumwobene Hafenort Rungholt versank.

Die Allerheiligenflut trennte 1436 Pellworm von Nordstrand ab. 1480 zerriss eine weitere Sturmflut Pellworm in zwei Teile. Mühsam und langwierig war es, die verlorenen Gebiete wieder einzudeichen und miteinander zu verbinden. Bei der Burchardiflut 1634 wurden die Inseln Pellworm und Nordstrand abermals auseinander gerissen. Tausende ertranken. So wie sich die Menschen dem Diktat der Natur beugen müssen, um im ständigen Wechsel der Gezeiten zu bestehen, so entwickeln auch Pflanzen wie der Queller erstaunliche Überlebensstrategien. Der Meersenf braucht den Humus der Flutsäume zum Überleben, die Salzmiere scheidet durch Drüsen an den Blättern überschüssiges Salz aus.

Das ewig wogende Meer mit Ebbe und Flut, mit Wattflächen, Prielen, Dünenlandschaften, Salzwiesen und dem Marschland – diese landschaftlichen Besonderheiten sind eine Herausfor-

Salzmiere *Honckenya peploides*

derung für alle Lebewesen, ganz gleich ob im Wasser, in den Marschen oder auf dem Land. Dieser ungewöhnliche Lebensraum, seit 1990 Nationalpark im Nordwesten Deutschlands, wurde als UNESCO-Weltnaturerbe ausgezeichnet. Ein wahres Paradies für Austernfischer, Schlickkrebse, Wattschnecken und Wattwürmer – für Menschen und Pflanzen erweist sich das Wattenmeer jedoch nach wie vor als heikel.

Zeit der Ebbe

PIONIERE AUF SALZWIESEN

Gras-Sternmiere *Stellaria graminea*

Das Watt ist Meer und Land zugleich. Bis zu 700-mal im Jahr wird der Wattboden überspült, hier überdauert nur noch Schlickgras mit seinen sich stark ausbreitenden Wurzeln – in den 20er Jahren aus England zur Befestigung des Wattbodens eingeführt – und der salzliebende Queller. In Bereichen mit sehr ruhigem Wasser kann er dichte geschlossene Bestände aufbauen.

Die Untere Salzwiese, auch Andelrasen genannt, wird unregelmäßig vom Meerwasser überflutet. Auf den ersten Blick wirken die Wiesen vor den Deichen und an den unbefestigten Ufern recht eintönig. Jedoch bei näherem Hinschauen ist eine eigentümliche Pflanzenwelt zu entdecken. In den Sommermonaten blüht lila der Strandflieder. Früher zierten Trockensträuße dieser Blume die reetgedeckten Häuser, heute steht er unter Naturschutz. Ansonsten überwiegt das Andelgras, das dichten Rasen bildet, durchsetzt von Strandsode, Milchkraut, Hauhechel und Strand-Melde, Salz-Schuppenmiere, Tausendgüldenkräuter, Zahntrost, Strandwegerich und Seggen.

Die Obere Salzwiese liegt nur wenig höher, wird aber nicht öfter als zehnmal im Jahr überschwemmt. Typische Küstengewächse wie die Strand-Grasnelke und die Strand-Aster, auch Gras-Sternmiere haben hier ihren Lebensraum. Von und mit dieser Flora leben über 20 Arten von Schmetterlingen und einige andere Insekten.

Zwischen den Inseln

Kriechende Hauhechel *Ononis repens*

Strand-Aster *Tripolium pannonicum*

Salz-Schuppenmiere *Spergularia salina*

Kuckucks-Lichtnelke *Lychnis flos-cuculi*

Strand-Grasnelke *Armeria maritima*

Sumpf-Ziest *Stachys palustris*

Der Kniepsand auf Amrum

Sanddorn *Hippophae rhamnoides*

WEISSDÜNE, GRAUDÜNE UND BRAUNDÜNE

An der Nordsee schützen hohe Deiche das Land vor der stürmischen See. An einigen Küsten übernehmen weite Sandstrände diese Aufgabe. Strände sind von Natur aus vegetationsarm. Erstaunlich, dass hier der auffällig blühende Meersenf und die unscheinbare Salzmiere überleben können.

Ein natürlicher Schutz vor den Fluten sind die beeindruckenden Weiß-, Grau-, und Braundünen. Die schönsten liegen bei St.Peter-Ording, auf Sylt, Amrum und anderen Inseln. In diesen für Deutschland ungewöhnlichen Sandlandschaften finden viele Vogelarten einen Brutplatz, für Pflanzen aber sind sie ein schwieriger Lebensraum.

Die Weißdünen liegen wie ein Wall gegen die anstürmende See vor dem Land. Sie allein sind in der Lage, dem ständigen Sandsturm aus Richtung Meer standzuhalten. Typische Pflanzen sind der Strandhafer, Strandroggen und die heute sehr selten gewordene Stranddistel.

Wo der Wind weniger Sand hereinträgt, beginnt der Bereich der Graudünen mit der Sand-Segge und an die Trockenheit angepassten Moose und

Graudüne

Flechten. Dazwischen setzen das Dünen-Veilchen und das Berg-Sandknöpfchen, Blume des Jahres 1990, leuchtende Farbtupfer. Der recht dichte Bewuchs fördert die Bildung einer dünnen Humusschicht.

Durch diese Bodenentwicklung erhalten die Braundünen ihre dunklere Färbung. Weite Heidefelder breiten sich aus und sorgen im Spätsommer für ein ungewöhnliches Farbspiel. Krähenbeere, Besenheide und Kriech-Weide sind typische Pflanzen dieses Dünenbereiches. Bewohner des Dünenrandes sind der einheimische Sanddorn und die Kartoffelrose. Rasch überwuchert ihr undurchdringliches Gestrüpp weite Flächen und verdängt die weiß blühende Dünenrose. Der Sanddorn stammt ursprünglich aus dem trockenen Innerasien, hat aber nach der Eiszeit an den Nordseedünen einen günstigen Standort gefunden und eine eigene Unterart ausgebildet. Die Heimat der prachtvoll blühenden Kartoffelrose ist ebenfalls Asien.

Dünenrose *Rosa spinosissima*

Echtes Johanniskraut *Hypericum perforatum*

SÜSSWASSER UND SALZWASSER – MARSCH UND SCHWIMMENDES MOOR

Marschsee

Von der Marsch – eine Landschaftsform, dem Meer abgerungen, fruchtbar und nährstoffreich – erwartet man kaum eine große Pflanzenvielfalt. Doch der Eindruck täuscht. Dämme und Entwässerungsgräben durchziehen die Marschlandschaft und schützen vor Vermoorung, entwässern Morast und Sumpf. Der Salzgehalt und die Feuchtigkeit des Bodens begünstigen das Gedeihen von Röhrichten und verschiedenen Wiesengräsern, von Baldrian, Sumpf-Schwertlilien und Kuckucks-Lichtnelken. Durch die Eindeichung geht der direkte Salzwassereinfluss zunehmend verloren. Besonders an den Marschseen findet man noch die typischen, allerdings zurückgehenden Salzpflanzen.

Ungewöhnlich, ein Moor im Meer, – das Schwimmende Moor im Jadebusen vor dem Deich von Sehestedt. Das einzige Außendeichmoor der Welt ist der nur etwa 10 Hektar große Rest eines riesigen Moorgebietes, das vor tausend Jahren fast den gesamten südlichen Teil des heutigen Jadebusens einnahm. Bei extremen Sturmfluten, wenn die Gezeiten mehr als 1,70 Meter über dem Mitteltidenhochwasser auflaufen, schwimmt die drei Meter starke Moorschicht

Sumpf-Stendelwurz *Epipactis palustris*

Moorlilie *Narthecium ossifragum*

Kleiner Wasserschlauch *Utricularia minor*

auf und wird um mehrere Meter angehoben. Wenn das Moor schwimmt, brechen Stücke ab und werden weggeschwemmt. Das Moor wird so allmählich kleiner. 2006 entstand ein mehrere Meter breiter Riss, seither besteht das Moor aus zwei Hälften.

Zwei völlig unterschiedliche Elemente prägen das Schwimmende Moor: Süßwasser und Salzwasser. Unmittelbar an das salzige Milieu des Watts und der Salzwiesen grenzt das süßwasserfeuchte Moor. Hier entwickeln sich Sonnentau, Moorlilie und Torfmoose, typische Hochmoorpflanzen, aber auch die bereits genannten spezifischen Salzwiesengewächse.

Sonnentau *Drosera rotundifolia*

INFOS
Wattenmeer der Nordsee

N1 Reet-Häuser auf Sylt

N1 NATUR AM WATTENMEER

Das Wattenmeer an der deutschen Nordseeküste ist seit 2009 in der Liste des Weltnaturerbes zu finden. Dieses besondere Naturgebiet zu schützen, hatten sich schon zuvor drei Nationalparks zur Aufgabe gemacht: Der Nationalpark Schleswig-Holsteinisches Wattenmeer wurde 1985 gegründet, der Nationalpark Niedersächsisches Wattenmeer 1986 und der Nationalpark Hamburgisches Wattenmeer 1990.

www.nationalpark-wattenmeer.de

Seit 2015 residiert das Besucherzentrum des UNESCO-Weltnaturerbes in einem modernen Holzbau nahe bei Cuxhaven und ermöglicht in seiner Ausstellung eine erstklassige Übersicht auf das Weltnaturerbe Wattenmeer.

Wattenmeer Besucherzentrum
Nordheimstr. 200, 27476 Cuxhaven-Sahlenburg,
Tel. 04721/70070400 www.wattbz.cuxhaven.de

Ein weiteres, ebenfalls sehr informatives Wattenmeer Besucherzentrum befindet sich in Wilhelmshaven.

Wattenmeer Besucherzentrum
Südstrand 110 b, 26382 Wilhelmshaven,
Tel.: 04421/9107-0
www.wattenmeer-besucherzentrum.de

N2 LINA-HÄHNLE-HAUS

Der Naturschutzbund Deutschland betreut an der Elbe und der Westküste Schleswig-Holsteins mehrere Naturschutzgebiete. Dazu gehören auch Teile des Wattenmeeres, Halligen, Marschen und Köge.

Am Katinger Watt betreibt der NABU Schleswig-Holstein das Naturzentrum Lina-Hähnle-Haus. Das Katinger Watt entstand in den Jahren zwischen 1967 und 1973 durch den Bau eines gewaltigen Sperrwerks an der Mündung der Eider in die Nordsee. Ein 162 Seiten umfassender Naturführer Eidermündung kann als PDF von der Webseite heruntergeladen werden.

Der Verband kümmert sich auch um umweltpolitische Themen. Er beklagt, dass das Ökosystem Wattenmeer einer ständig wachsenden Bedrohung unterliege, unter anderem durch Müll. 20 000 Tonnen Müll gelangen nach Schätzungen des NABU Jahr für Jahr in die Nordsee. 600 000 Kubikmeter Müll vermutet man auf dem ohnehin überstrapazierten Meeresgrund und täglich werden es mehr.

Naturzentrum Katinger Watt
Katingsiel 14, 25832 Tönning,
Tel. 04862/8004 www.NABU-Katinger-Watt.de

M1 MULTIMAR WATTFORUM

In 36 Aquarien, darunter ein Großbecken und das Spezialbecken Wattenmeer, stellt das Multimar Wattforum in Tönning den Lebensraum Wattenmeer vor, ohne dass der Besucher nasse Füße bekommt. Das Wattforum beherbergt auch das Informationszentrum des Nationalparks Schleswig-Holsteinisches Wattenmeer.

Multimar Wattforum
Dithmarscher Str. 6a, 25382 Tönning,
Tel. 04861/96200 www.multimar-wattforum.de

M2 DEICHMUSEUM

Das Niedersächsische Deichmuseum Land Wursten bei Cuxhaven mit seiner einmaligen Sammlung von Deichbaugeräten und Werkzeugen bewahrt die Geschichte des Deichbaus, den tausendjährigen Kampf des Menschen mit den Naturgewalten der Nordsee. Themen sind: Deichbau, Entwässerung, Sturmfluten, Küsten- und Uferschutz, Landschaftswandel sowie die Geschichte des Landes Wursten.

Niedersächsisches Deichmuseum
Poststraße 16, 27639 Wurster Nordseeküste,
Tel. 04742/1020 www.wursternordseekueste.de

F1 NATIONALPARK-FÜHRUNGEN IN NIEDERSACHSEN

Zahlreiche geführte Wanderungen zu den Naturschönheiten der Ostfriesischen Inseln, der niedersächsischen Küste sowie zur Insel Neuwerk können über folgende Internetseiten erfragt und gebucht werden.

www.nationalpark-fuehrungen.de

F2 AMRUM KENNENLERNEN

Das Naturzentrum in Norddorf auf Amrum bietet geführte Wanderungen zu botanischen und weiteren Themen auf der nordfriesischen Insel Amrum an. Auf der Internetseite gibt es einen aktuellen Veranstaltungskalender.

Naturzentrum Amrum
Strunwai 31, 25946 Norddorf/Amrum,
Tel, 04682/1635 www.naturzentrum-norddorf.de

W1 AMRUM

Wer die nordfriesische Insel Amrum besucht, sollte keineswegs eine Wanderung über den Dünenpfad vom Naturzentrum im Norddorf zu zwei Aussichtspunkten in den Dünen versäumen. Äußerst interessant die Ausblicke über die Amrumer Dünenlandschaft und den Kniepsand, die Braun-, Grau- und Weißdünen mit ihrer unterschiedlichen Vegetation. An einem Teil des Dünenpfades weisen Schautafeln auf Pflanzen am Wegesrand hin. Wer über eine gute Kondition verfügt, folgt dem Dünenpfad über Vogelkoje und vorbei am Leuchtturm bis nach Wittdün. Auf der gegenüberliegenden Seite der Insel, am Wattstrand des Dorfes Nebel, erläutern zehn Schautafeln die Besonderheiten des Lebensraumes Salzwiesen.

www.amrum.de

W2 INSEL NEUWERK

Die Station des Nationalparks Hamburgisches Wattenmeer liegt auf der Insel Neuwerk, zu erreichen mit der Fähre von Cuxhaven. Mehr zu sehen gibt es bei Ebbe mit der Kutsche oder zu Fuß quer durchs Watt.

Nationalpark-Station Neuwerk
Turmwurt, 27499 Insel Neuwerk, Tel. 04721/69271

Fährverbindungen unter: www.neuwerkreisen.de

W1 Leuchtturm auf Amrum

W1 Aussichtsdüne Norddorf/Amrum

W1 Marschlandschaft auf Amrum

W3 SCHWIMMENDES MOOR

Bei Sehestedt in Friesland führt ein Bohlenweg zur Aussichtsplattform am Schwimmenden Moor im Jadebusen. Über die Entwicklung des Schwimmenden Moores von 1720 bis heute informieren Bronzetafeln. Die Plattform ist Ausgangspunkt eines Salzwiesen-Erlebnispfades mit 40 Informationstafeln zu Flora und Fauna. Der Rundgang dauert etwa zwei Stunden. Auf der Seite des Nationalparks Wattenmeer lässt sich eine 32-seitige Broschüre zur Natur und Geschichte des Schwimmenden Moors herunterladen.

www.nationalpark-wattenmeer.de

W4 HAMMERSEE

Der Hammersee auf der Insel Juist hat als größter und einziger Süßwassersee der Ostfriesischen Inseln Bekanntheit erlangt. Eine gewaltige Sturmflut teilte 1651 Juist in zwei Inseln. Erst im 20. Jahrhundert gelang es, die beiden Teile durch Aufschüttungen wieder miteinander zu verbinden, dabei entstand der nur einen Meter tiefe Hammersee. Seine besondere Lage bietet Pflanzen, die man nicht unbedingt an der Küste erwartet, einen Standort; so die Sumpfwurz und die Große Händelwurz, zu entdecken bei einem Spaziergang rund um den Hammersee.

Erstaunlich viele gefährdete Arten halten sich auf den Ostfriesischen Inseln. Seit 1980 wurden 258 Arten der bundes- bzw. landesweiten Roten Liste gefunden, davon entfallen auf die Flechten 70 Arten, auf die Moose 30 Arten und auf die Farn- und Blütenpflanzen 158 Arten.

www.juist.de

W5 HAMBURGER HALLIG

Die Burchardiflut von 1634 trennte die Hamburger Hallig von der heute nicht mehr existierenden Insel Strand ab. Seit 1860 stellt ein vier Kilometer langer

W5

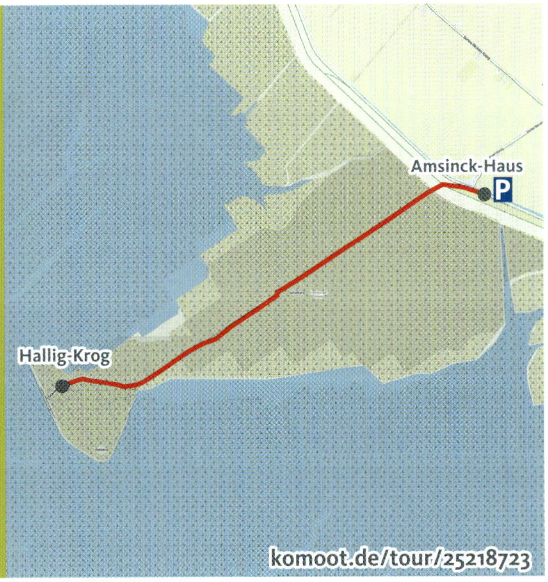

W6

Damm die Verbindung zwischen Festland und Hallig her. Über den Damm entlang der Salzwiesen führt eine der eindrucksvollsten Küstenwanderungen.

Anfahrt: Ein Schild an der Küstenstraße L11 Cecilienkoog–Ockholm weist zum Parkplatz Hamburger Hallig. Am Infozentrum Amsinck-Haus mit seinen interessanten Schautafeln gibt es einen Wohnmobilstellplatz und Fahrräder zum Ausleihen. Weiter zu Fuß oder mit dem Rad über den Deich hinüber zur Hallig. Nach der Wanderung über den vier Kilometer langen Damm kommt eine Stärkung in der Nationalpark-Gaststätte Hallig-Krog gerade recht. Von April bis Ende Oktober hat der Krog täglich geöffnet, außer natürlich bei Sturmflut.

Amsinck-Haus
Theodor-Storm-Str. 2, 25821 Reußenköge
www.amsinck-haus.de

Hallig-Krog
Sophien-Magdalenen-Koog 6, 25821 Reußenköge,
Tel. 04671/942788 www.hallig-krog.de

W6 HATTSTEDTER MARSCH

Durch die Eindeichungen des Beltringharder Kooges im Jahr 1987 südlich von Dagebüll entstand ein großes Naturschutzgebiet mit dem Holmer See und dem Lüttmoorsee, die in ihrem Uferbewuchs eine hohe Anzahl gefährdeter Arten beherbergen. In den dichten Röhrichten wachsen typische Begleitarten wie Sumpf-Schwertlilie, Breitblättriger Rohrkolben, Rohr-Glanzgras, Weißes Straußgras, Salz-Binse und Gänse-Fingerkraut.

Unter den gefährdeten Arten sind der Sumpf-Dreizack und die stark bedrohte Salz-Strandmelde zu finden. Am Westdamm des Holmsees lassen sich noch Wundklee und Großer Klappertopf entdecken. Nahe der Uferlinie wächst der ebenfalls gefährdete Salz-Wasserhahnenfuß.

Von der Naturschutzstation Arlauschöpfwerk (mit einem kleinen Naturkundemuseum) kann man dieses kleine Pflanzenparadies auf einem Rundweg zwischen Salzwasserlagune und Süßwasserflächen erleben.

Naturschutzstation Arlau Schöpfwerk
Hattstedter Marsch 42, 25856 Hattstedtermarsch,
Tel. 01525/8150920

L WATT IM INTERNET

Wassertiere und -organismen, die direkt dem Salzwasser ausgesetzt sind, müssen sich ständig dieser besonderen Situation anpassen. Sie sind von wechselnder Temperatur, dem Salzgehalt und der sich unaufhörlich ändernden Bewegungen des Wassers abhängig. Der Naturraum Nordsee entwickelt ein komplexes Ökosystem, das sehr stark vom Atlantik beeinflusst wird. Das Watt, die Strände und Dünen bilden einen einzigartigen Lebensraum, der Pflanzen und Tieren ebenfalls eine enorme Anpassungsfähigkeit abfordert. Auf ihrer Webseite (unter dem Menüpunkt „Norddeutsches Flachland") beschreiben Birgit Bach und Heinz Klöser detailliert die Wechselwirkungen dieser besonderen Ökosysteme.

www.windwasserwaelderwuesten.de

Informationen zum Ökosystem und spezielle Hinweise zur Pflanzenwelt an der Nordseeküste sind auf der Webseite der Schutzstation Wattenmeer nachzulesen. Der Verein gibt auch die Vierteljahreszeitschrift *wattenmeer* heraus.

www.schutzstation-wattenmeer.de

W6 Mohnfeld

LITERATURVERZEICHNIS

Baumann, Helmut und Müller, Theo: Farbatlas Geschützte und gefährdete Pflanzen. Stuttgart, 2001.

Benkert, D., Fukarek, F., Korsch, H. (Hrsg.): Verbreitungsatlas der Farn- und Blütenpflanzen Ostdeutschlands. Jena, 1996.

Blessing, Karin: Die Pflanzenwelt im Schwarzwald und Nationalpark entdecken. Reutlingen, 2014.

Bochow, Karlheinz u. a.: Die Naturwunder Deutschlands. Stuttgart, 1987.

Bothe, Hermann: Die Pflanzenwelt der Eifel. Wiebelsheim, 2014.

Burghardt, Joachim: Vergessene Pfade um den Königssee. München, 2009.

Colingwood, Robin G.: Die Idee der Natur. Frankfurt/M., 2005. The idea of nature, Oxford, 1945.

Delaveau, Pierre u. a.: Geheimnisse und Heilkräfte der Pflanzen. Stuttgart, 1978.

Düll, Ruprecht; Kutzelnigg, Herfried: Taschenlexikon der Pflanzen Deutschlands. Wiebelsheim, 2016.

Ebel, Friedrich u. a.: Der Brockengarten. Goslar, 1999.

Frede, Achim u. a.: Naturerbe Kellerwald. Niedenstein, 2000.

Geiges, Leif: Die Regio Landschaft am Oberrhein. Köln, 1986.

Gosselck, Fritz; Kremer, Bruno P.: Naturparadies Ostsee. Wiebelsheim, 2016.

Gutte, Peter; Hardtke, Hans-Jürgen; Schmidt, Peter: Die Flora Sachsens und angrenzender Gebiete. Wiebelsheim, 2012.

Jedicke, Leonie und Eckhard: Farbatlas Landschaften und Biotope Deutschlands. Stuttgart, 1992.

Kay, Lily E.: Das Buch des Lebens. München Wien, 2001.

Kison, Hans-Ulrich und Ahrens, Wolfgang u. a.: Harzer Pflanzenwelt erleben. Quedlinburg, 2010.

Klemm, Heinz: Die Entdeckung der Sächsischen Schweiz. Dresden, 1958.

Kohlhepp, Dieter und Vetter, Walter: Kaiserstuhl. Freiburg, 1983.

Krüssmann, Gerd: Die Bäume Europas. Berlin, Hamburg, 1979.

Küster, Hansjörg: Die Geschichte der Landschaft im Mitteleuropa. München, 1998.

Küster, Hansjörg: Die Geschichte des Waldes. München, 1999.

Küster, Hansjörg: Die Ostsee. München, 2002.

Lehnert, E. u. a.: Schutzgebiete im Unstrut-Hainich-Kreis. Mühlhausen, 2010.

Lüder, Rita: Grundkurs Pflanzenbestimmung. Wiebelsheim, 2015.

Martin, Anne Christine und Feldhoff, Stefan u. a.: Die letzten Paradiese. München, 2007.

Martin, Anne Christine und Feldhoff, Stefan: Die letzten Paradiese in Deutschlands Osten. München, 2010.

Martin, Anne Christine und Feldhoff, Stefan: Mystische Pfade im Harz. München, 2012.

Meyer-Abich, Adolf: Biologie der Goethezeit. Stuttgart, 1949.

Müller-Beck, Hansjürgen: Eiszeiten. München, 2005.

Needon, Christoph u. a.: Pflanzen und Tiere Ein Naturführer. Leipzig, 1971.

Nicolai, Bernd und Schmidt, Christopher: Im Reich von Rotmilan und Sperlingskauz. Seelscheid, o.J.

Noack, Heinz: Unterwegs im Biosphärenreservat Karstlandschaft Südharz. Clenze, 2013.

Presser, Helmut: Orchideen. Hamburg, 2002.

Reichholf, Josef H.: Ornis Das Leben der Vögel. München, 2014.

Schmeil-Fitschen: Die Flora Deutschlands und angrenzender Länder. Wiebelsheim, 2016.

Schwarz, Friedemann: Die Hohegeiß. Hohegeiß, 1982.

Sebald, Oskar: Wildpflanzen Mitteleuropas. Stuttgart, 1989.

Stern, Horst: Das Horst Stern Lesebuch. München, 1992.

Stifter, Adalbert: Der Hochwald. Berlin, 1982.

Tümmers, Horst Johannes: Der Rhein. München, 1994.

BILDNACHWEIS

Fotos:

S. 29 Alpen-Milchlattich: Bernd Haynold/Wikimedia, S. 65 Fieberklee: Stefanie Zettler, S. 78 Blauer Eisenhut: Hans Hillewaert/Wikimedia, S. 109 Taubenkropf-Leimkraut: Udo Schmidt/Wikimedia, S. 125 Sumpfporst: Frank Liebig/Wikimedia, S. 190 Sanddorn: Túrelio/Wikimedia, S. 191 Dünenrose: Aiwok/Wikimedia, S. 193 Moorlilie: Hajotthu/Wikimedia, U4 Sumpf-Blutauge: Bernd Haynold/Wikimedia

Alle anderen Fotos stammen von Anne Christine Martin und Stefan Feldhoff.

Karten:

Alle kleinformatigen Karten incl. Routendarstellung mit freundlicher Genehmigung der komoot GmbH.

Die Wander- und Radtouren sind unter dem jeweils angegebenen Link abrufbar und lassen sich mit einem Nutzerprofil bei komoot speichern, teilen, bearbeiten sowie mit der komoot-App zur Navigation auf dem Smartphone oder Garmin nutzen.

Mit komoot, Europas führender Outdoor-App, erleben weltweit mehr als 4 Millionen Radfahrer und Wanderer mehr von der Welt da draußen. Neben der punktgenauen Sprachnavigation und den besten topografischen Karten finden komoot-Nutzer Inspiration durch Collections, Highlights und personalisierte Tourenvorschläge zum Entdecken neuer Orte in der Region und weltweit. Komoot gibt es im Apple iTunes Store & im Google Play Store zum kostenlosen Download. Mehr Infos unter: www.komoot.de

komoot

DIE AUTOREN

Anne Christine Martin

Diplom-Graphikdesignerin

Nach dem Studium arbeitete Anne Christine Martin als freiberufliche Graphikerin und stellte ihre graphischen Arbeiten u. a. in Berlin, London, Paris, Vilnius und Warschau aus. Seit 1987 beschäftigt sie sich mit der Fotografie und machte Pflanzen und ihre Lebensräume zu ihrem speziellen Thema.

Stefan Feldhoff

Diplom-Journalist

Stefan Feldhoff studierte Journalistik und Germanistik. Zusammen mit Anne Christine Martin veröffentlicht er seit 20 Jahren Bildbände, Reise- und Naturführer. Ihre Fotografien stellten sie gemeinsam in Erfurt, Magdeburg, Mainz, Györ, Kalisz, Kansas City, Lille und Vilnius aus.

Wir bedanken uns bei Herrn Dr. habil Peter Gutte aus Markkleeberg für seine wissenschaftliche Unterstützung bei diesem Buchprojekt. Er hat uns nicht nur bei den Bestimmungsfragen auf die Sprünge geholfen, sondern auch zahlreiche wertvolle Hinweise gegeben und uns mit interessanten Details zu den einzelnen Pflanzen bekannt gemacht.

Dr. habil. Peter Gutte

Geb. 1939 in Dresden. Peter Gutte arbeitete seit 1963 als Mitarbeiter des Botanischen Instituts der Universität Leipzig. 1988 wurde er als Dozent für Geobotanik berufen. Von 1998 bis zu seiner Emeritierung im Jahre 2002 war er Kustos des Botanischen Gartens in Leipzig. Er diplomierte und promovierte über Ruderalpflanzengesellschaften in Sachsen und habilitierte sich nach mehreren Auslandsaufenthalten über die Vegetation der Hochanden in Zentralperu. Er gilt als einer der besten Neophyten-Kenner Mitteleuropas. Veröffentlichungen: z. B. *Flora der Stadt Leipzig*, Mitherausgeber der *Flora von Sachsen*.

REGISTER DER PFLANZEN